Alfred de Musset

Les Caprices de Marianne

Appareil pédagogique par

Julie Baumert

professeur de Lettres

Lexique par

Josiane Grinfas

MAGNARD

Présentation : l'auteur, l'œuvre et son contexte

Les Caprices de Marianne

d'Alfred de Musset

Étude de l'œuvre : séances

Sommaire

Présentation : l'auteur, l'œuvre et son contexte

Alfred de Musset
(1810-1857)

Né en 1810, huit ans après Victor Hugo, et mort en 1857, Alfred de Musset est un « enfant du siècle » comme il l'écrira dans son roman autobiographique paru en 1836, *La Confession d'un enfant du siècle*. En effet, Musset est un auteur du XIXe siècle, mais il est surtout un héritier de l'époque et de la sensibilité tourmentée du romantisme.

Connu pour sa relation tumultueuse avec la célèbre écrivaine George Sand, Musset illustre, par sa vie même, les thèmes romantiques des sentiments exacerbés, de la passion, de la difficulté à aimer et à être compris. Toutes ces thématiques, il les explorera comme poète dans *Les Nuits*, recueil de longs poèmes publié à partir de 1835, dans lequel il évoque les souffrances et désillusions d'un poète parlant à sa Muse.

Mais Musset est avant tout un dramaturge au parcours chaotique. En 1830, il fait jouer à l'Odéon *La Nuit vénitienne* qui est un échec total. Il continue cependant à écrire des pièces et fait paraître *Un spectacle dans un fauteuil*, recueil comprenant notamment *Lorenzaccio*, en 1834. Suivront les *Comédies et proverbes* en 1840, regroupant ses pièces les plus célèbres aujourd'hui : *Les Caprices de Marianne*, *On ne badine pas avec l'amour*, *Un caprice*... Cependant, il faut attendre 1847 pour qu'une pièce de Musset soit de nouveau représentée dans un théâtre : il s'agit d'*Un caprice* qui est monté à la Comédie-Française et reçoit, enfin, l'approbation du public.

Francisco de Goya (1746-1828), *La Maja vêtue*, vers 1799-1800.

Présentation : l'auteur, l'œuvre et son contexte

Les Caprices de Marianne (1833)

Les Caprices de Marianne est une pièce de Musset sous-titrée « comédie », mais qui s'apparente plutôt au genre du drame romantique. Écrite en deux actes de longueurs très différentes, elle répond aux principes de ce théâtre libéré des contraintes du classicisme qui a été défini par Hugo dans sa célèbre Préface de *Cromwell*, en 1827.

La belle Marianne est mariée, mais courtisée par le jeune et noble Cœlio. C'est sur cette intrigue typique de comédie que s'ouvre la pièce. Tout y est : l'entremetteuse qui plaide pour Cœlio incarnant l'amant malheureux, Claudio le mari jaloux,

Contexte historique et culturel

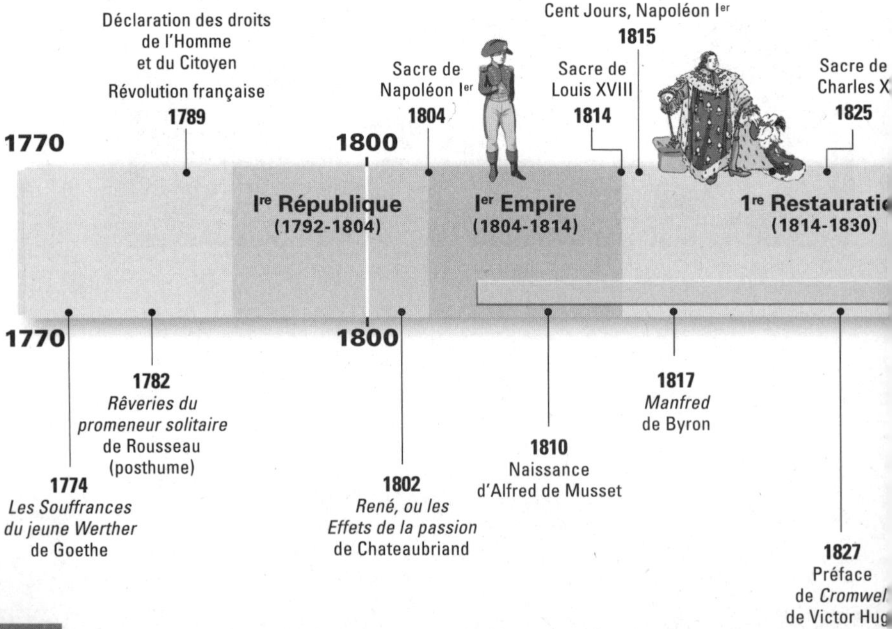

Octave l'ami fidèle et adjuvant de Cœlio. Marianne est fidèle, mais Claudio la soupçonne d'adultère, tant et si bien que celle-ci se sent emprisonnée et cherche à rompre les chaînes de cette union pesante. Elle décide alors de prendre un amant. Mais un quiproquo mènera à une redéfinition du jeu amoureux.

Dans cette pièce hybride, qui mêle genres et registres, Musset nous offre une réflexion sur la liberté des sentiments et sur le danger qu'il y a à jouer avec l'amour. Il annonce déjà son fameux proverbe devenu pièce de théâtre en 1834, *On ne badine pas avec l'amour*.

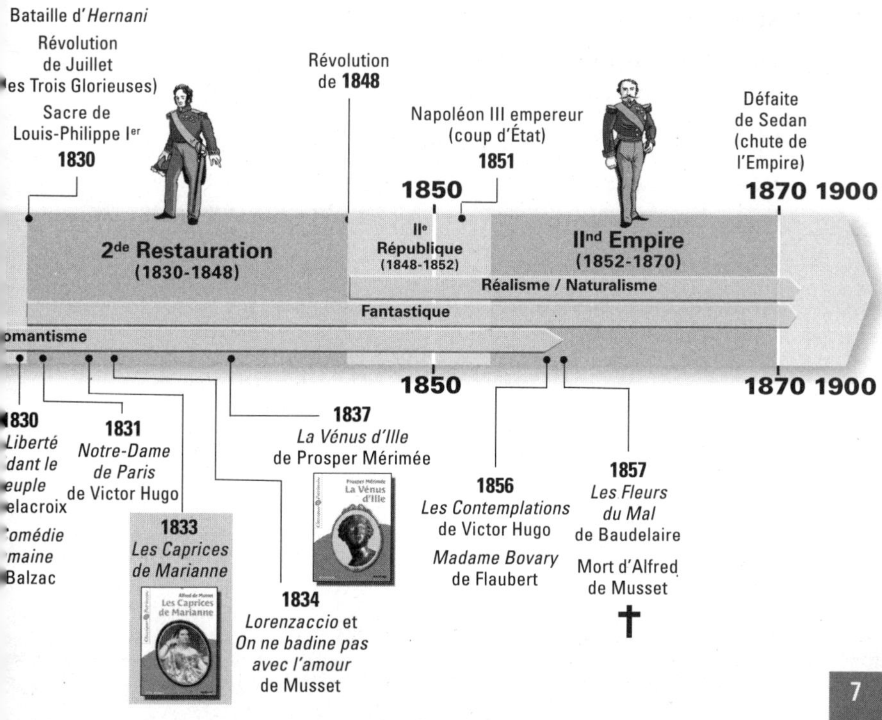

Les Caprices de Marianne d'Alfred de Musset

Comédie

PERSONNAGES

CLAUDIO : juge
CŒLIO
OCTAVE
TIBIA : valet de Claudio
PIPPO : valet de Cœlio
MATHIEU
MALVOLIO : intendant d'Hermia
UN GARÇON D'AUBERGE
MARIANNE : femme de Claudio
HERMIA : mère de Cœlio
CIUTA : vieille femme
DOMESTIQUES
La scène est à Naples

Acte I

Scène 1

Une rue, devant la maison de Claudio.

MARIANNE, *sortant de chez elle, un livre de messe à la main* ; CIUTA, *l'abordant.*

CIUTA – Ma belle dame, puis-je vous dire un mot ?

MARIANNE – Que me voulez-vous ?

CIUTA – Un jeune homme de cette ville est éperdument[1] amoureux de vous ; depuis un mois entier, il cherche vainement[2] l'occasion de vous l'apprendre ; son nom est Cœlio ; il est d'une noble famille et d'une figure distinguée.

MARIANNE – En voilà assez. Dites à celui qui vous envoie qu'il perd son temps et sa peine, et que, s'il a l'audace de me faire entendre une seconde fois un pareil langage, j'en instruirai[3] mon mari.

Elle sort.

CŒLIO, *entrant.* – Eh bien ! Ciuta, qu'a-t-elle dit ?

CIUTA – Plus dévote[4] et plus orgueilleuse[5] que jamais. Elle instruira son mari, dit-elle, si on la poursuit plus longtemps.

Vocabulaire

1. *Éperdument :* désespérément.
2. *Vainement :* sans aucun succès.
3. *Instruirai :* apprendrai quelque chose à quelqu'un.
4. *Dévote :* qui croit en Dieu et suit tous les offices à l'église.
5. *Orgueilleuse :* fière.

CŒLIO – Ah ! malheureux que je suis, je n'ai plus qu'à mourir. Ah ! la plus cruelle de toutes les femmes ! Et que me conseilles-tu, Ciuta ? quelle ressource puis-je encore trouver ?

CIUTA – Je vous conseille d'abord de sortir d'ici, car voici son mari qui la suit.

Ils sortent. – Entrent Claudio et Tibia.

CLAUDIO – Es-tu mon fidèle serviteur, mon valet de chambre dévoué ? Apprends que j'ai à me venger d'un outrage[1].

TIBIA – Vous, monsieur ?

CLAUDIO – Moi-même, puisque ces impudentes[2] guitares ne cessent de murmurer sous les fenêtres de ma femme. Mais, patience ! tout n'est pas fini. – Écoute un peu de ce côté-ci : voilà du monde qui pourrait nous entendre. Tu m'iras chercher ce soir le spadassin[3] que je t'ai dit.

TIBIA – Pourquoi faire ?

CLAUDIO – Je crois que Marianne a des amants.

TIBIA – Vous croyez, monsieur ?

CLAUDIO – Oui ; il y a autour de ma maison une odeur d'amants ; personne ne passe naturellement devant ma porte ; il y pleut des guitares et des entremetteuses[4].

Vocabulaire

1. *Outrage :* affront.
2. *Impudentes :* sans gêne, insolentes.
3. *Spadassin :* tueur à gages, celui qui détient une épée (en latin, *spada* : l'épée).
4. *Entremetteuses :* personnages féminins typiques de la comédie jouant les intermédiaires dans les relations amoureuses.

Tibia – Est-ce que vous pouvez empêcher qu'on donne des sérénades[1] à votre femme ?

Claudio – Non, mais je puis poster un homme derrière la poterne[2], et me débarrasser du premier qui entrera.

Tibia – Fi ! votre femme n'a pas d'amants. – C'est comme si vous disiez que j'ai des maîtresses.

Claudio – Pourquoi n'en aurais-tu pas, Tibia ? Tu es fort laid, mais tu as beaucoup d'esprit.

Tibia – J'en conviens, j'en conviens.

Claudio – Regarde, Tibia, tu en conviens toi-même ; il n'en faut plus douter, et mon déshonneur est public.

Tibia – Pourquoi public ?

Claudio – Je te dis qu'il est public.

Tibia – Mais, monsieur, votre femme passe pour un dragon de vertu[3] dans toute la ville ; elle ne voit personne ; elle ne sort de chez elle que pour aller à la messe.

Claudio – Laisse-moi faire. – Je ne me sens pas de colère. Après tous les cadeaux qu'elle a reçus de moi ! – Oui, Tibia, je machine[4] en ce moment une épouvantable trame[5], et me sens prêt à mourir de douleur.

Tibia – Oh ! que non.

Vocabulaire

1. *Sérénades :* petits concerts se jouant le soir en bas des fenêtres pour séduire les jeunes femmes.
2. *Poterne :* porte aménagée dans la muraille.
3. *Un dragon de vertu :* une personne à qui l'on ne peut rien reprocher, une sainte.
4. *Je machine :* j'organise, je prépare.
5. *Trame :* plan, intrigue.

CLAUDIO – Quand je te dis quelque chose, tu me ferais plaisir de le croire.

Ils sortent.

CŒLIO, *rentrant* – Malheur à celui qui, au milieu de la jeunesse, s'abandonne à un amour sans espoir ! Malheur à celui qui se livre à une douce rêverie avant de savoir où sa chimère[1] le mène et s'il peut être payé de retour ! Mollement couché dans une barque, il s'éloigne peu à peu de la rive ; il aperçoit au loin des plaines enchantées, de vertes prairies et le mirage[2] léger de son Eldorado[3]. Les vents l'enchaînent en silence, et quand la réalité le réveille, il est aussi loin du but où il aspire que du rivage qu'il a quitté ; il ne peut plus ni poursuivre sa route ni revenir sur ses pas.

(On entend un bruit d'instruments.)

Quelle est cette mascarade[4] ? N'est-ce pas Octave que j'aperçois ?

Entre Octave.

OCTAVE – Comment se porte, mon bon monsieur, cette gracieuse mélancolie ?

CŒLIO – Octave ! ô fou que tu es ! tu as un pied[5] de rouge sur les joues ! – D'où te vient cet accoutrement[6] ? N'as-tu pas de honte, en plein jour ?

Vocabulaire

1. *Chimère :* imagination.
2. *Mirage :* hallucination.
3. *Eldorado :* paradis.
4. *Mascarade :* défilé de carnaval.
5. *Un pied :* une tonne (formule d'exagération).
6. *Accoutrement :* costume (péjoratif).

Octave – Ô Cœlio ! fou que tu es ! tu as un pied de blanc sur les joues ! – D'où te vient ce large habit noir ? N'as-tu pas de honte, en plein carnaval ?

Cœlio – Quelle vie que la tienne ! Ou tu es gris, ou je le suis moi-même.

Octave – Ou tu es amoureux, ou je le suis moi-même.

Cœlio – Plus que jamais, de la belle Marianne.

Octave – Plus que jamais, de vin de Chypre.

Cœlio – J'allais chez toi quand je t'ai rencontré.

Octave – Et moi aussi j'allais chez moi. Comment se porte ma maison ? Il y a huit jours que je ne l'ai vue.

Cœlio – J'ai un service à te demander.

Octave – Parle, Coelio, mon cher enfant. Veux-tu de l'argent ? je n'en ai plus. Veux-tu des conseils ? je suis ivre. Veux-tu mon épée ? voilà une batte d'arlequin[1]. Parle, parle, dispose de moi.

Cœlio – Combien de temps cela durera-t-il ? Huit jours hors de chez toi ! Tu te tueras, Octave.

Octave – Jamais de ma propre main, mon ami, jamais ; j'aimerais mieux mourir que d'attenter à mes jours.

Cœlio – Et n'est-ce pas un suicide comme un autre, que la vie que tu mènes ?

Vocabulaire

1. *Batte d'arlequin :* bâton typique du costume d'Arlequin, personnage de la *commedia dell'arte*, connu pour son habit bariolé.

OCTAVE – Figure-toi un danseur de corde, en brodequins[1] d'argent, le balancier au poing, suspendu entre le ciel et la terre ; à droite et à gauche, de vieilles petites figures racornies[2], de maigres et pâles fantômes, des créanciers[3] agiles, des parents et des courtisanes[4] ; toute une légion de monstres se suspendent à son manteau et le tiraillent de tous côtés pour lui faire perdre l'équilibre ; des phrases redondantes[5], de grands mots enchâssés cavalcadent autour de lui ; une nuée de prédictions sinistres l'aveugle de ses ailes noires. Il continue sa course légère de l'orient à l'occident. S'il regarde en bas, la tête lui tourne ; s'il regarde en haut, le pied lui manque. Il va plus vite que le vent, et toutes les mains tendues autour de lui ne lui feront pas renverser une goutte de la coupe joyeuse qu'il porte à la sienne. Voilà ma vie, mon cher ami ; c'est ma fidèle image que tu vois.

CŒLIO – Que tu es heureux d'être fou !

OCTAVE – Que tu es fou de ne pas être heureux ! Dis-moi un peu, toi, qu'est-ce qui te manque ?

CŒLIO – Il me manque le repos, la douce insouciance[6] qui fait de la vie un miroir où tous les objets se peignent un instant et sur lequel tout glisse. Une dette pour moi est un remords. L'amour, dont vous autres vous faites un passe-temps, trouble ma vie entière. Ô mon ami, tu ignoreras toujours ce que

Vocabulaire

1. *Brodequins :* bottines montantes.
2. *Racornies :* ratatinées.
3. *Créanciers :* personnes à qui l'on doit de l'argent.
4. *Courtisanes :* prostituées.
5. *Redondantes :* répétitives.
6. *Insouciance :* légèreté.

c'est qu'aimer comme moi ! Mon cabinet d'étude est désert ; depuis un mois j'erre autour de cette maison la nuit et le jour. Quel charme j'éprouve, au lever de la lune, à conduire sous ces petits arbres, au fond de cette place, mon chœur[1] modeste de musiciens, à marquer moi-même la mesure, à les entendre chanter la beauté de Marianne ! Jamais elle n'a paru à sa fenêtre ; jamais elle n'est venue appuyer son front charmant sur sa jalousie[2].

OCTAVE – Qui est cette Marianne ? est-ce que c'est ma cousine ?

CŒLIO – C'est elle-même, la femme du vieux Claudio.

OCTAVE – Je ne l'ai jamais vue ; mais à coup sûr elle est ma cousine. Claudio est fait exprès. Confie-moi tes intérêts, Cœlio.

CŒLIO – Tous les moyens que j'ai tentés pour lui faire connaître mon amour ont été inutiles. Elle sort du couvent ; elle aime son mari, et respecte ses devoirs. Sa porte est fermée à tous les jeunes gens de la ville, et personne ne peut l'approcher.

OCTAVE – Ouais ! est-elle jolie ? – Sot que je suis ! tu l'aimes, cela n'importe guère. Que pourrions-nous imaginer ?

CŒLIO – Faut-il te parler franchement ? ne te riras-tu pas de moi ?

OCTAVE – Laisse-moi rire de toi, et parle franchement.

Vocabulaire
1. *Chœur :* chorale.
2. *Jalousie :* fenêtre grillagée ou à lames, qui permet de voir sans être vu.

CŒLIO – En ta qualité de parent, tu dois être reçu dans la maison.

OCTAVE – Suis-je reçu ? je n'en sais rien. Admettons que je suis reçu. À te dire vrai, il y a une grande différence entre mon auguste[1] famille et une botte d'asperges. Nous ne formons pas un faisceau[2] bien serré, et nous ne tenons guère les uns aux autres que par écrit. Cependant Marianne connaît mon nom. Faut-il lui parler en ta faveur ?

CŒLIO – Vingt fois j'ai tenté de l'aborder ; vingt fois j'ai senti mes genoux fléchir en approchant d'elle. J'ai été forcé de lui envoyer la vieille Ciuta. Quand je la vois, ma gorge se serre et j'étouffe, comme si mon cœur se soulevait jusqu'à mes lèvres.

OCTAVE – J'ai éprouvé cela. C'est ainsi qu'au fond des forêts, lorsqu'une biche avance à petits pas sur les feuilles sèches, et que le chasseur entend les bruyères glisser sur ses flancs inquiets, comme le frôlement d'une robe légère, les battements de cœur le prennent malgré lui ; il soulève son arme en silence, sans faire un pas, sans respirer.

CŒLIO – Pourquoi donc suis-je ainsi ? n'est-ce pas une vieille maxime[3] parmi les libertins[4], que toutes les femmes se ressemblent ? Pourquoi donc y a-t-il si peu d'amours qui se ressemblent ? En vérité, je ne saurais aimer cette femme

Vocabulaire

1. *Auguste :* importante.
2. *Faisceau :* un fagot.
3. *Maxime :* un proverbe.
4. *Libertins :* personnes qui s'affranchissent de toute contrainte, de toute loi morale.

comme toi, Octave, tu l'aimerais, ou comme j'en aimerais une autre. Qu'est-ce donc pourtant que tout cela ? deux yeux bleus, deux lèvres vermeilles, une robe blanche et deux blanches mains. Pourquoi ce qui te rendrait joyeux et empressé, ce qui t'attirerait, toi, comme l'aiguille aimantée attire le fer, me rend-il triste et immobile ? Qui pourrait dire : ceci est gai ou triste ? La réalité n'est qu'une ombre. Appelle imagination ou folie ce qui la divinise[1]. – Alors la folie est la beauté elle-même. Chaque homme marche enveloppé d'un réseau transparent qui le couvre de la tête aux pieds ; il croit voir des bois et des fleuves, des visages divins ; et l'universelle nature se teint sous ses regards des nuances infinies du tissu magique. Octave ! Octave ! viens à mon secours.

OCTAVE – J'aime ton amour, Cœlio ! il divague[2] dans ta cervelle comme un flacon syracusain[3]. Donne-moi la main ; je viens à ton secours ; attends un peu. L'air me frappe au visage, et les idées me reviennent. Je connais cette Marianne ; elle me déteste fort, sans m'avoir jamais vu. C'est une mince poupée qui marmotte des *Ave*[4] sans fin.

CŒLIO – Fais ce que tu voudras, mais ne me trompe pas, je t'en conjure ; il est aisé de me tromper ; je ne sais pas me défier[5] d'une action que je ne voudrais pas faire moi-même.

OCTAVE – Si tu escaladais les murs ?

Vocabulaire

Divinise : loue, porte à un degré supérieur.
Divague : erre.
Flacon syracusain : vin de Syracuse, ville de Sicile.
Ave : Ave Maria ou « Je vous salue Marie », chants religieux en l'honneur de la Vierge Marie.
Me défier : me méfier.

CŒLIO – Entre elle et moi est une muraille imaginaire que je n'ai pu escalader.

OCTAVE – Si tu lui écrivais ?

CŒLIO – Elle déchire mes lettres et me les renvoie.

OCTAVE – Si tu en aimais une autre ? Viens avec moi chez Rosalinde.

CŒLIO – Le souffle de ma vie est à Marianne ; elle peut d'un mot de ses lèvres l'anéantir ou l'embraser. Vivre pour une autre me serait plus difficile que de mourir pour elle ; ou je réussirai, ou je me tuerai. Silence ! la voici qui détourne la rue.

OCTAVE – Retire-toi, je vais l'aborder.

CŒLIO – Y penses-tu ? dans l'équipage[1] où te voilà ! Essuie-toi le visage ; tu as l'air d'un fou.

OCTAVE – Voilà qui est fait. L'ivresse et moi, mon cher Cœlio, nous nous sommes trop chers l'un à l'autre pour nous jamais disputer ; elle fait mes volontés comme je fais les siennes. N'aie aucune crainte là-dessus ; c'est le fait d'un étudiant en vacances qui se grise un jour de grand dîner, de perdre la tête et de lutter avec le vin ; moi, mon caractère est d'être ivre ; ma façon de penser est de me laisser faire, et je parlerais au roi en ce moment, comme je vais parler à ta belle.

Vocabulaire
1. *Équipage :* attirail, apparence.

CŒLIO – Je ne sais ce que j'éprouve. – Non, ne lui parle pas.

OCTAVE – Pourquoi ?

CŒLIO – Je ne puis dire pourquoi ; il me semble que tu vas me tromper.

OCTAVE – Touche là. Je te jure sur mon honneur que Marianne sera à toi, ou à personne au monde, tant que j'y pourrai quelque chose.

Cœlio sort. – Entre Marianne. Octave l'aborde.

OCTAVE – Ne vous détournez pas, princesse de beauté ; laissez tomber vos regards sur le plus indigne de vos serviteurs.

MARIANNE – Qui êtes-vous ?

OCTAVE – Mon nom est Octave ; je suis cousin de votre mari.

MARIANNE – Venez-vous pour le voir ? entrez au logis, il va revenir.

OCTAVE – Je ne viens pas pour le voir, et n'entrerai point au logis, de peur que vous ne m'en chassiez tout à l'heure, quand je vous aurai dit ce qui m'amène.

MARIANNE – Dispensez-vous donc de le dire et de m'arrêter plus longtemps.

OCTAVE – Je ne saurais m'en dispenser, et vous supplie de vous arrêter pour l'entendre. Cruelle Marianne ! vos yeux ont causé bien du mal, et vos paroles ne sont pas faites pour le guérir. Que vous avait fait Cœlio ?

MARIANNE – De qui parlez-vous, et quel mal ai-je causé ?

OCTAVE – Un mal le plus cruel de tous, car c'est un mal sans espérance ; le plus terrible, car c'est un mal qui se chérit lui-même et repousse la coupe salutaire[1] jusque dans la main de l'amitié ; un mal qui fait pâlir les lèvres sous des poisons plus doux que l'ambroisie[2], et qui fond en une pluie de larmes le cœur le plus dur, comme la perle de Cléopâtre[3] ; un mal que tous les aromates[4], toute la science humaine ne sauraient soulager, et qui se nourrit du vent qui passe, du parfum d'une rose fanée, du refrain d'une chanson, et qui suce l'éternel aliment de ses souffrances dans tout ce qui l'entoure, comme une abeille son miel dans tous les buissons d'un jardin.

MARIANNE – Me direz-vous le nom de ce mal ?

OCTAVE – Que celui qui est digne de le prononcer vous le dise ; que les rêves de vos nuits, que ces orangers verts, cette fraîche cascade vous l'apprennent ; que vous puissiez le chercher un beau soir, vous le trouverez sur vos lèvres ; son nom n'existe pas sans lui.

MARIANNE – Est-il si dangereux à dire, si terrible dans sa contagion, qu'il effraye une langue qui plaide en sa faveur ?

OCTAVE – Est-il si doux à entendre, cousine, que vous le demandiez ? Vous l'avez appris à Cœlio.

Vocabulaire

1. *Salutaire :* qui pourrait le sauver.
2. *Ambroisie :* nectar des dieux dans la mythologie grecque.
3. *Perle de Cléopâtre :* perle d'une grande valeur que la reine Cléopâtre fit dissoudre et but pour son repas afin de gagner un pari.
4. *Aromates :* baumes.

MARIANNE – C'est donc sans le vouloir : je ne connais ni l'un ni l'autre.

OCTAVE – Que vous les connaissiez ensemble, et que vous ne les sépariez jamais, voilà le souhait de mon cœur.

MARIANNE – En vérité ?

OCTAVE – Cœlio est le meilleur de mes amis ; si je voulais vous faire envie, je vous dirais qu'il est beau comme le jour, jeune, noble, et je ne mentirais pas ; mais je ne veux que vous faire pitié, et je vous dirai qu'il est triste comme la mort, depuis le jour où il vous a vue.

MARIANNE – Est-ce ma faute s'il est triste ?

OCTAVE – Est-ce sa faute si vous êtes belle ? Il ne pense qu'à vous ; à toute heure, il rôde autour de cette maison. N'avez-vous jamais entendu chanter sous vos fenêtres ? N'avez-vous jamais soulevé, à minuit, cette jalousie et ce rideau ?

MARIANNE – Tout le monde peut chanter le soir, et cette place appartient à tout le monde.

OCTAVE – Tout le monde peut aussi vous aimer ; mais personne ne peut vous le dire. Quel âge avez-vous, Marianne ?

MARIANNE – Voilà une jolie question ! et si je n'avais que dix-neuf ans, que voudriez-vous que j'en pense ?

OCTAVE – Vous avez donc encore cinq ou six ans pour être aimée, huit ou dix pour aimer vous-même, et le reste pour prier Dieu.

MARIANNE – Vraiment ? Eh bien ! pour mettre le temps à profit, j'aime Claudio, votre cousin et mon mari.

OCTAVE – Mon cousin et votre mari ne feront jamais à eux deux qu'un pédant[1] de village ; vous n'aimez point Claudio.

MARIANNE – Ni Cœlio ; vous pouvez le lui dire.

OCTAVE – Pourquoi ?

MARIANNE – Pourquoi n'aimerais-je pas Claudio ? C'est mon mari.

OCTAVE – Pourquoi n'aimeriez-vous pas Cœlio ? C'est votre amant[2].

MARIANNE – Me direz-vous aussi pourquoi je vous écoute ? Adieu, seigneur Octave ; voilà une plaisanterie qui a duré assez longtemps.

Elle sort.

OCTAVE – Ma foi ! ma foi ! elle a de beaux yeux.

Il sort.

Vocabulaire
1. *Pédant :* prétentieux.
2. *Amant :* celui qui aime sans être forcément aimé en retour (sens classique).

Scène 2

La maison de Cœlio.

HERMIA, PLUSIEURS DOMESTIQUES, MALVOLIO

HERMIA – Disposez ces fleurs comme je vous l'ai ordonné ; a-t-on dit aux musiciens de venir ?

UN DOMESTIQUE – Oui, madame ; ils seront ici à l'heure du souper.

HERMIA – Ces jalousies fermées sont trop sombres ; qu'on laisse entrer le jour sans laisser entrer le soleil ! – Plus de fleurs autour de ce lit ! Le souper est-il bon ? Aurons-nous notre belle voisine, la comtesse Pergoli ? À quelle heure est sorti mon fils ?

MALVOLIO – Pour être sorti, il faudrait d'abord qu'il fût rentré. Il a passé la nuit dehors.

HERMIA – Vous ne savez ce que vous dites. – Il a soupé hier avec moi et m'a ramenée ici. A-t-on fait porter dans le cabinet d'étude le tableau que j'ai apporté ce matin ?

MALVOLIO – Du vivant de son père, il n'en aurait pas été ainsi.

À part.

Ne dirait-on pas que notre maîtresse a dix-huit ans, et qu'elle attend son Sigisbé[1] ?

HERMIA – Mais du vivant de sa mère il en est ainsi, Malvolio.

Vocabulaire
1. *Sigisbé :* chevalier servant.

Qui vous a chargé de veiller sur sa conduite ? Songez-y : que Cœlio ne rencontre pas sur son passage un visage de mauvais augure[1] ; qu'il ne vous entende pas grommeler entre vos dents, comme un chien de basse-cour à qui l'on dispute l'os qu'il veut ronger, ou, par le ciel ! pas un de vous ne passera la nuit sous le toit.

Malvolio – Je ne grommelle rien ; ma figure n'est pas un mauvais présage : vous me demandez à quelle heure est sorti mon maître, et je vous réponds qu'il n'est pas rentré. Depuis qu'il a l'amour en tête, on ne le voit pas quatre fois la semaine.

Hermia – Pourquoi ces livres sont-ils couverts de poussière ? Pourquoi ces meubles sont-ils en désordre ? Pourquoi faut-il que je mette ici la main à tout, si je veux obtenir quelque chose ? Il vous appartient bien de lever les yeux sur ce qui ne vous regarde pas, lorsque votre ouvrage est à moitié fait, et que les soins dont on vous charge retombent sur les autres ! Allez, et retenez votre langue.

Entre Cœlio.

Eh bien ! mon cher enfant, quels seront vos plaisirs aujourd'hui ?

Les domestiques se retirent.

Cœlio – Les vôtres, ma mère.

Il s'assoit.

Vocabulaire
1. *Augure :* présage.

HERMIA – Eh quoi ! les plaisirs communs, et non les peines communes ? C'est un partage injuste, Cœlio. Ayez des secrets pour moi, mon enfant, mais non pas de ceux qui vous rongent le cœur, et vous rendent insensible à tout ce qui vous entoure.

CŒLIO – Je n'ai pas de secret, et plût à Dieu, si j'en avais, qu'ils fussent de nature à faire de moi une statue !

HERMIA – Quand vous aviez dix ou douze ans, toutes vos peines, tous vos petits chagrins se rattachaient à moi ; d'un regard sévère ou indulgent[1] de ces yeux que voilà dépendait la tristesse ou la joie des vôtres, et votre petite tête blonde tenait par un fil bien délié au cœur de votre mère. Maintenant, mon enfant, je ne suis plus qu'une vieille sœur, incapable peut-être de soulager vos ennuis, mais non pas de les partager.

CŒLIO – Et vous aussi, vous avez été belle ! Sous ces cheveux argentés qui ombragent votre noble front, sous ce long manteau qui vous couvre, l'œil reconnaît encore le port majestueux d'une reine et les formes gracieuses d'une Diane chasseresse[2]. Ô ma mère ! vous avez inspiré l'amour ! Sous vos fenêtres entrouvertes a murmuré le son de la guitare ; sur ces places bruyantes, dans le tourbillon de ces fêtes, vous avez promené une insouciante et superbe jeunesse ; vous

Vocabulaire et nom propre

1. *Indulgent :* compréhensif.

2. *Diane chasseresse :* déesse de la chasse dans la mythologie romaine (appelée Artémis dans la mythologie latine).

n'avez point aimé ; un parent de mon père est mort d'amour pour vous.

HERMIA – Quel souvenir me rappelles-tu !

CŒLIO – Ah ! si votre cœur peut en supporter la tristesse, si ce n'est pas vous demander des larmes, racontez-moi cette aventure, ma mère, faites-m'en connaître les détails.

HERMIA – Votre père ne m'avait jamais vue alors. Il se chargea, comme allié de ma famille, de faire agréer[1] la demande du jeune Orsini, qui voulait m'épouser. Il fut reçu comme le méritait son rang par votre grand-père, et admis dans son intimité. Orsini était un excellent parti, et cependant je le refusai. Votre père, en plaidant pour lui, avait tué dans mon cœur le peu d'amour qu'il m'avait inspiré pendant deux mois d'assiduités[2] constantes. Je n'avais pas soupçonné la force de sa passion pour moi. Lorsqu'on lui apporta ma réponse, il tomba, privé de connaissance, dans les bras de votre père. Cependant une longue absence, un voyage qu'il entreprit alors, et dans lequel il augmenta sa fortune, devaient avoir dissipé ses chagrins. Votre père changea de rôle, et demanda pour lui ce qu'il n'avait pu obtenir pour Orsini. Je l'aimais d'un amour sincère, et l'estime qu'il avait inspirée à mes parents ne me permit pas d'hésiter. Le mariage fut décidé le jour même, et l'église s'ouvrit pour nous quelques semaines après. Orsini revint à cette époque.

Vocabulaire

1. *Agréer :* accepter.

2. *Assiduités :* empressements.

Il vint trouver votre père, l'accabla de reproches, l'accusa d'avoir trahi sa confiance et d'avoir causé le refus qu'il avait essuyé. Du reste, ajouta-t-il, si vous avez désiré ma perte, vous serez satisfait. Épouvanté de ces paroles, votre père vint trouver le mien et lui demander son témoignage pour désabuser Orsini. – Hélas ! il n'était plus temps ; on trouva dans sa chambre le pauvre jeune homme traversé de part en part de plusieurs coups d'épée.

Scène 3

Le jardin de Claudio.

CLAUDIO et TIBIA, *entrant.*

CLAUDIO – Tu as raison, et ma femme est un trésor de pureté. Que te dirai-je de plus ? C'est une vertu solide.

TIBIA – Vous croyez, monsieur ?

CLAUDIO – Peut-elle empêcher qu'on ne chante sous ses croisées[1] ? Les signes d'impatience qu'elle peut donner dans son intérieur sont les suites de son caractère. As-tu remarqué que sa mère, lorsque j'ai touché cette corde, a été tout d'un coup du même avis que moi ?

TIBIA – Relativement à quoi ?

CLAUDIO – Relativement à ce qu'on chante sous ses croisées.

Vocabulaire

1. *Croisées :* fenêtres.

TIBIA – Chanter n'est pas un mal, je fredonne moi-même à tout moment.

CLAUDIO – Mais bien chanter est difficile.

TIBIA – Difficile pour vous et pour moi, qui, n'ayant pas reçu de voix de la nature, ne l'avons jamais cultivée ; mais voyez comme ces acteurs de théâtre s'en tirent habilement.

CLAUDIO – Ces gens-là passent leur vie sur les planches.

TIBIA – Combien croyez-vous qu'on puisse donner par an ?

CLAUDIO – À qui ? à un juge de paix ?

TIBIA – Non, à un chanteur.

CLAUDIO – Je n'en sais rien. – On donne à un juge de paix le tiers de ce que vaut ma charge. Les conseillers de justice ont moitié.

TIBIA – Si j'étais juge en cour royale, et que ma femme eût des amants, je les condamnerais moi-même.

CLAUDIO – À combien d'années de galère[1] ?

TIBIA – À la peine de mort. Un arrêt de mort est une chose superbe à lire à haute voix.

CLAUDIO – Ce n'est pas le juge qui lit, c'est le greffier[2].

TIBIA – Le greffier de votre tribunal a une jolie femme.

Vocabulaire
1. *Galère :* bagne.
2. *Greffier :* personne qui rédige les actes juridiques.

CLAUDIO – Non, c'est le président qui a une jolie femme ; j'ai soupé hier avec eux.

TIBIA – Le greffier aussi ; le spadassin qui va venir ce soir est l'amant de la femme du greffier.

CLAUDIO – Quel spadassin ?

TIBIA – Celui que vous avez demandé.

CLAUDIO – Il est inutile qu'il vienne après ce que je t'ai dit tout à l'heure.

TIBIA – À quel sujet ?

CLAUDIO – Au sujet de ma femme.

TIBIA – La voici qui vient elle-même.

Entre Marianne.

MARIANNE – Savez-vous ce qui m'arrive pendant que vous courez les champs ? j'ai reçu la visite de votre cousin.

CLAUDIO – Qui cela peut-il être ? Nommez-le par son nom.

MARIANNE – Octave, qui m'a fait une déclaration d'amour de la part de son ami Cœlio. Qui est ce Cœlio ? Connaissez-vous cet homme ? Trouvez bon que ni lui ni Octave ne mettent les pieds dans cette maison.

CLAUDIO – Je le connais : c'est le fils d'Hermia, notre voisine. Qu'avez-vous répondu à cela ?

MARIANNE – Il ne s'agit point de ce que j'ai répondu. Comprenez-vous ce que je dis ? Donnez ordre à vos gens qu'ils ne laissent entrer ni cet homme ni son ami. Je m'attends à quelque importunité[1] de leur part, et je suis bien aise de l'éviter.

Elle sort.

CLAUDIO – Que penses-tu de cette aventure, Tibia ? Il y a quelque ruse là-dessous.

TIBIA – Vous croyez, monsieur ?

CLAUDIO – Pourquoi n'a-t-elle pas voulu dire ce qu'elle a répondu ? La déclaration est impertinente[2], il est vrai ; mais la réponse mérite d'être connue. J'ai le soupçon que ce Cœlio est l'ordonnateur[3] de toutes ces guitares.

TIBIA – Défendre votre porte à ces deux hommes est un moyen excellent de les éloigner.

CLAUDIO – Rapporte-t'en à moi. – Il faut que je fasse part de ma découverte à ma belle-mère. J'imagine que ma femme me trompe, et que toute cette fable est une pure invention pour me faire prendre le change, et troubler entièrement mes idées.

Ils sortent.

Vocabulaire

1. *Importunité :* intrusion.
2. *Impertinente :* déplacée.
3. *Ordonnateur :* personne qui commande, qui ordonne.

Acte II

Scène 1

Une rue.

OCTAVE *et* CIUTA *entrent.*

OCTAVE – Il y renonce, dites-vous ?

CIUTA – Hélas ! pauvre jeune homme ! il aime plus que jamais, et sa mélancolie se trompe elle-même sur les désirs qui la nourrissent. Je croirais presque qu'il se défie de vous, de moi, de tout ce qui l'entoure.

OCTAVE – Non, de par le ciel ! je n'y renoncerai pas ; je me sens moi-même une autre Marianne, et il y a du plaisir à être entêté[1]. Ou Cœlio réussira, ou j'y perdrai ma langue.

CIUTA – Agirez-vous contre sa volonté ?

OCTAVE – Oui, pour agir d'après la mienne, qui est sa sœur aînée, et pour envoyer aux enfers messer[2] Claudio le juge, que je déteste, méprise et abhorre[3] depuis les pieds jusqu'à la tête.

CIUTA – Je lui porterai donc votre réponse, et, quant à moi, je cesse de m'en mêler.

OCTAVE – Je suis comme un homme qui tient la banque d'un pharaon pour le compte d'un autre, et qui a la veine contre

Vocabulaire
1. *Entêté :* têtu.
2. *Messer :* monsieur.
3. *J'abhorre :* j'ai en horreur.

lui ; il noierait plutôt son meilleur ami que de céder, et la colère de perdre avec l'argent d'autrui l'enflamme cent fois plus que ne le ferait sa propre ruine.

Entre Cœlio.

Comment, Cœlio, tu abandonnes la partie !

CŒLIO – Que veux-tu que je fasse ?

OCTAVE – Te défies-tu de moi ? Qu'as-tu ? te voilà pâle comme la neige. – Que se passe-t-il en toi ?

CŒLIO – Pardonne-moi, pardonne-moi ! Fais ce que tu voudras ; va trouver Marianne. – Dis-lui que me tromper, c'est me donner la mort, et que ma vie est dans ses yeux.

Il sort.

OCTAVE – Par le ciel, voilà qui est étrange !

CIUTA – Silence ! vêpres[1] sonnent ; la grille du jardin vient de s'ouvrir ; Marianne sort. – Elle approche lentement.

Ciuta se retire. – Entre Marianne.

OCTAVE – Belle Marianne, vous dormirez tranquillement. – Le cœur de Cœlio est à une autre, et ce n'est plus sous vos fenêtres qu'il donnera ses sérénades.

MARIANNE – Quel dommage et quel grand malheur de n'avoir pu partager un amour comme celui-là ! Voyez comme le hasard me contrarie ! Moi qui allais l'aimer.

Vocabulaire
1. *Vêpres :* office, messe qui a lieu en soirée.

Octave – En vérité !

Marianne – Oui, sur mon âme, ce soir ou demain matin, dimanche au plus tard, je lui appartenais. Qui pourrait ne pas réussir avec un ambassadeur tel que vous ? Il faut croire que sa passion pour moi était quelque chose comme du chinois ou de l'arabe, puisqu'il lui fallait un interprète, et qu'elle ne pouvait s'expliquer toute seule.

Octave – Raillez, raillez ! nous ne vous craignons plus.

Marianne – Ou peut-être que cet amour n'était encore qu'un pauvre enfant à la mamelle, et vous, comme une sage nourrice, en le menant à la lisière[1], vous l'aurez laissé tomber la tête la première en le promenant par la ville.

Octave – La sage nourrice s'est contentée de lui faire boire d'un certain lait que la vôtre vous a versé sans doute, et généreusement ; vous en avez encore sur les lèvres une goutte qui se mêle à toutes vos paroles.

Marianne – Comment s'appelle ce lait merveilleux ?

Octave – L'indifférence. Vous ne pouvez ni aimer, ni haïr, et vous êtes comme les roses du Bengale, Marianne, sans épine et sans parfum.

Marianne – Bien dit. Avez-vous préparé d'avance cette comparaison ? Si vous ne brûlez pas le brouillon de vos

Vocabulaire

1. *Lisière :* le cordon attaché au vêtement d'un petit enfant pour l'aider quand il apprend à marcher.

harangues[1], donnez-le-moi, de grâce, que je les apprenne à ma perruche.

OCTAVE – Qu'y trouvez-vous qui puisse vous blesser ? Une fleur sans parfum n'en est pas moins belle ; bien au contraire, ce sont les plus belles que Dieu a faites ainsi ; et le jour où, comme une Galatée[2] d'une nouvelle espèce, vous deviendrez de marbre au fond de quelque église, ce sera une charmante statue que vous ferez, et qui ne laissera pas de trouver quelque niche respectable dans un confessionnal[3].

MARIANNE – Mon cher cousin, est-ce que vous ne plaignez pas le sort des femmes ? Voyez un peu ce qui m'arrive : il est décrété[4] par le sort que Cœlio m'aime, ou qu'il croit m'aimer, lequel Cœlio le dit à ses amis, lesquels amis décrètent à leur tour que, sous peine de mort, je serai sa maîtresse. La jeunesse napolitaine daigne m'envoyer en votre personne un digne représentant, chargé de me faire savoir que j'aie à aimer ledit seigneur Cœlio d'ici à une huitaine de jours. Pesez cela, je vous en prie. Si je me rends, que dira-t-on de moi ? N'est-ce pas une femme bien abjecte que celle qui obéit à point nommé, à l'heure convenue, à une pareille proposition ? Ne va-t-on pas la déchirer à belles dents, la montrer au doigt, et faire de son nom le refrain d'une chan-

Vocabulaire et nom propre

1. *Harangues :* discours, exposés.
2. *Galatée :* dans la mythologie grecque, Galatée est une statue d'ivoire sculptée par Pygmalion et qui prend vie grâce à l'intervention d'Aphrodite.
3. *Confessionnal :* endroit clos où se pratique la confession.
4 *Décrété :* décidé.

son à boire ? Si elle refuse, au contraire, est-il un monstre qui lui soit comparable ? Est-il une statue plus froide qu'elle ? et l'homme qui lui parle, qui ose l'arrêter en place publique, son livre de messe à la main, n'a-t-il pas le droit de lui dire : Vous êtes une rose du Bengale sans épine et sans parfum ?

OCTAVE – Cousine, cousine, ne vous fâchez pas.

MARIANNE – N'est-ce pas une chose bien ridicule que l'honnêteté et la foi jurée ? que l'éducation d'une fille, la fierté d'un cœur qui s'est figuré qu'il vaut quelque chose, et qu'avant de jeter au vent la poussière de sa fleur chérie, il faut que le calice[1] en soit baigné de larmes, épanoui par quelques rayons du soleil, entrouvert par une main délicate ? Tout cela n'est-il pas un rêve, une bulle de savon qui, au premier soupir d'un cavalier à la mode, doit s'évaporer dans les airs ?

OCTAVE – Vous vous méprenez sur mon compte et sur celui de Cœlio.

MARIANNE – Qu'est-ce après tout qu'une femme ? L'occupation d'un moment, une coupe fragile qui renferme une goutte de rosée, qu'on porte à ses lèvres et qu'on jette par-dessus son épaule. Une femme ! c'est une partie de plaisir. Ne pourrait-on pas dire, quand on en rencontre une : « Voilà une belle nuit qui passe ! » et ne serait-ce pas un grand écolier

Vocabulaire
1. *Calice :* coupe sacrée.

en de telles matières, que celui qui baisserait les yeux devant elle, qui se dirait tout bas : « Voilà peut-être le bonheur d'une vie entière », et qui la laisserait passer ?

Elle sort.

OCTAVE, *seul* – Tra, tra, poum, poum ! tra deri la la ! Quelle drôle de petite femme ! Hai ! holà !

Il frappe à une auberge.

Apportez-moi ici, sous cette tonnelle, une bouteille de quelque chose.

LE GARÇON – Ce qu'il vous plaira, Excellence. Voulez-vous du lacryma-christi[1] ?

OCTAVE – Soit, soit. Allez-vous-en un peu chercher dans les rues d'alentour le seigneur Cœlio, qui porte un manteau noir et des culottes plus noires encore. Vous lui direz qu'un de ses amis est là qui boit tout seul du lacryma-christi. Après quoi, vous irez à la grande place, et vous m'apporterez une certaine Rosalinde qui est rousse et qui est toujours à sa fenêtre.

Le garçon sort.

Je ne sais ce que j'ai dans la gorge ; je suis triste comme une procession[2].

Buvant.

Vocabulaire

1. *Lacryma-christi :* vin doux provenant des vignes situé sur le flanc du Vésuve.

2. *Procession :* cortège de cérémonie.

Je ferai aussi bien de dîner ici ; voilà le jour qui baisse. Drig ! drig ! quel ennui que ces vêpres ! Est-ce que j'ai envie de dormir ? je me sens tout pétrifié.

Entrent Claudio et Tibia.

Cousin Claudio, vous êtes un beau juge ; où allez-vous si couramment ?

CLAUDIO – Qu'entendez-vous par là, seigneur Octave ?

OCTAVE – J'entends que vous êtes un magistrat qui a de belles formes.

CLAUDIO – De langage, ou de complexion[1] ?

OCTAVE – De langage, de langage. Votre perruque est pleine d'éloquence, et vos jambes sont deux charmantes parenthèses.

CLAUDIO – Soit dit en passant, seigneur Octave, le marteau de ma porte m'a tout l'air de vous avoir brûlé les doigts.

OCTAVE – En quelle façon, juge plein de science ?

CLAUDIO – En y voulant frapper, cousin plein de finesse.

OCTAVE – Ajoute hardiment plein de respect, juge, pour le marteau de ta porte ; mais tu peux le faire peindre à neuf, sans que je craigne de m'y salir les doigts.

CLAUDIO – En quelle façon, cousin plein de facéties[2] ?

OCTAVE – En n'y frappant jamais, juge plein de causticité[3].

Vocabulaire

1. *Complexion :* constitution physique.
2. *Facéties :* tours, tromperies.
3. *Causticité :* sarcasme, aigreur.

CLAUDIO – Cela vous est pourtant arrivé, puisque ma femme a enjoint à ses gens de vous fermer la porte au nez à la première occasion.

OCTAVE – Tes lunettes sont myopes, juge plein de grâce ; tu te trompes d'adresse dans ton compliment.

CLAUDIO – Mes lunettes sont excellentes, cousin plein de ripostes : n'as-tu pas fait à ma femme une déclaration amoureuse ?

OCTAVE – À quelle occasion, subtil magistrat ?

CLAUDIO – À l'occasion de ton ami Cœlio, cousin. Malheureusement j'ai tout entendu.

OCTAVE – Par quelle oreille, sénateur incorruptible ?

CLAUDIO – Par celle de ma femme, qui m'a tout raconté, godelureau[1] chéri.

OCTAVE – Tout absolument, époux idolâtré ? Rien n'est resté dans cette charmante oreille ?

CLAUDIO – Il y est resté sa réponse, charmant pilier de cabaret, que je suis chargé de te faire.

OCTAVE – Je ne suis pas chargé de l'entendre, cher procès-verbal.

CLAUDIO – Ce sera donc, ma porte en personne qui te la fera, aimable croupier de roulette[2], si tu t'avises de la consulter.

Vocabulaire

1. *Godelureau :* galant, joli cœur.
2. *Croupier de roulette :* employé d'une maison de jeux.

Octave – C'est ce dont je ne me soucie guère, chère sentence de mort ; je vivrai heureux sans cela.

Claudio – Puisses-tu le faire en repos, cher cornet de passe-dix[1] ; je te souhaite mille prospérités[2].

Octave – Rassure-toi sur ce sujet, cher verrou de prison ! je dors tranquille comme une audience.

Sortent Claudio et Tibia.

Octave, *seul* – Il me semble que voilà Cœlio qui s'avance de ce côté. Cœlio ! Cœlio ! À qui le diable en a-t-il ?

Entre Cœlio.

Sais-tu, mon cher ami, le beau tour que nous joue ta princesse ? elle a tout dit à son mari.

Cœlio – Comment le sais-tu ?

Octave – Par la meilleure de toutes les voies possibles. Je quitte à l'instant Claudio. Marianne nous fera fermer la porte au nez, si nous nous avisons[3] de l'importuner davantage.

Cœlio – Tu l'as vue tout à l'heure ; que t'avait-elle dit ?

Octave – Rien qui pût me faire pressentir cette douce nouvelle, rien d'agréable cependant. Tiens, Cœlio, renonce à cette femme. Holà ! un second verre !

Cœlio – Pour qui ?

Vocabulaire

1. *Cornet de passe-dix :* étui avec lequel on joue aux dés.

2. *Prospérités :* coups de chance, succès.

3. *Nous nous avisons :* nous projetons.

OCTAVE – Pour toi. Marianne est une bégueule[1] ; je ne sais trop ce qu'elle m'a dit ce matin, je suis resté comme une brute sans pouvoir lui répondre. Allons ! n'y pense plus, voilà qui est convenu ; et que le ciel m'écrase si je lui adresse jamais la parole ! Du courage, Cœlio, n'y pense plus.

CŒLIO – Adieu, mon cher ami.

OCTAVE – Où vas-tu ?

CŒLIO – J'ai affaire en ville ce soir.

OCTAVE – Tu as l'air d'aller te noyer. Voyons, Cœlio, à quoi penses-tu ? Il y a d'autres Mariannes sous le ciel. Soupons ensemble, et moquons-nous de cette Marianne-là.

CŒLIO – Adieu, adieu, je ne puis m'arrêter plus longtemps. Je te verrai demain, mon ami.

Il sort.

OCTAVE – Cœlio ! écoute donc ! nous te trouverons une Marianne bien gentille, douce comme un agneau, et n'allant point à vêpres surtout ! Ah ! les maudites cloches ! quand auront-elles fini de me mener en terre ?

LE GARÇON, *rentrant* – Monsieur, la demoiselle rousse n'est point à sa fenêtre ; elle ne peut se rendre à votre invitation.

OCTAVE – La peste soit de tout l'univers ! Est-il donc décidé que je souperai seul aujourd'hui ? La nuit arrive en poste ; que diable vais-je devenir ? Bon ! bon ! ceci me convient.

Vocabulaire
1. *Bégueule :* femme austère.

Il boit.

Je suis capable d'ensevelir ma tristesse dans ce vin, ou du moins ce vin dans ma tristesse. Ah ! ah ! les vêpres sont finies ; voici Marianne qui revient.

Entre Marianne.

MARIANNE – Encore ici, seigneur Octave ? et déjà à table ? C'est un peu triste de s'enivrer tout seul.

OCTAVE – Le monde entier m'abandonne ; je tâche d'y voir double, afin de me servir à moi-même de compagnie.

MARIANNE – Comment ! pas un de vos amis, pas une de vos maîtresses, qui vous soulage de ce fardeau terrible, la solitude ?

OCTAVE – Faut-il vous dire ma pensée ? J'avais envoyé chercher une certaine Rosalinde, qui me sert de maîtresse ; elle soupe en ville comme une personne de qualité.

MARIANNE – C'est une fâcheuse affaire sans doute, et votre cœur en doit ressentir un vide effroyable.

OCTAVE – Un vide que je ne saurais exprimer et que je communique en vain à cette large coupe. Le carillon[1] des vêpres m'a fendu le crâne pour toute l'après-dînée.

MARIANNE – Dites-moi, cousin, est-ce du vin à quinze sous la bouteille que vous buvez ?

Vocabulaire
1. *Carillon :* bruit de la cloche.

OCTAVE – N'en riez pas ; ce sont les larmes du Christ en personne.

MARIANNE – Cela m'étonne que vous ne buviez pas du vin à quinze sous ; buvez-en, je vous en supplie.

OCTAVE – Pourquoi en boirais-je, s'il vous plaît ?

MARIANNE – Goûtez-en ; je suis sûre qu'il n'y a aucune différence avec celui-là.

OCTAVE – Il y en a une aussi grande qu'entre le soleil et une lanterne.

MARIANNE – Non, vous dis-je, c'est la même chose.

OCTAVE – Dieu m'en préserve ! Vous moquez-vous de moi ?

MARIANNE – Vous trouvez qu'il y a une grande différence ?

OCTAVE – Assurément.

MARIANNE – Je croyais qu'il en était du vin comme des femmes. Une femme n'est-elle pas aussi un vase précieux, scellé comme ce flacon de cristal ? Ne renferme-t-elle pas une ivresse grossière ou divine, selon sa force et sa valeur ? Et n'y a-t-il pas parmi elles le vin du peuple et les larmes du Christ ? Quel misérable cœur est-ce donc que le vôtre, pour que vos lèvres lui fassent la leçon ? Vous ne boiriez pas le vin que boit le peuple ; vous aimez les femmes qu'il aime ; l'esprit généreux et poétique de ce flacon doré, ces sucs[1] merveilleux que la lave du Vésuve[2] a cuvés sous un ardent soleil,

Vocabulaire et nom propre

1. *Sucs :* substances.
2. *Vésuve :* volcan de la baie de Naples.

vous conduiront chancelant et sans force dans les bras d'une fille de joie ; vous rougiriez de boire un vin grossier ; votre gorge se soulèverait. Ah ! vos lèvres sont délicates, mais votre cœur s'enivre à bon marché. Bonsoir, cousin ; puisse Rosalinde rentrer ce soir chez elle !

OCTAVE – Deux mots, de grâce, belle Marianne, et ma réponse sera courte. Combien de temps pensez-vous qu'il faille faire la cour à la bouteille que vous voyez pour obtenir ses faveurs ? Elle est, comme vous dites, toute pleine d'un esprit céleste, et le vin du peuple lui ressemble aussi peu qu'un paysan ressemble à son seigneur. Cependant regardez comme elle se laisse faire ! – Elle n'a reçu, j'imagine, aucune éducation, elle n'a aucun principe ; voyez comme elle est bonne fille ! Un mot a suffi pour la faire sortir du couvent ; toute poudreuse[1] encore, elle s'en est échappée pour me donner un quart d'heure d'oubli, et mourir. Sa couronne virginale[2], empourprée[3] de cire odorante, est aussitôt tombée en poussière, et, je ne puis vous le cacher, elle a failli passer tout entière sur mes lèvres dans la chaleur de son premier baiser.

MARIANNE – Êtes-vous sûr qu'elle en vaut davantage ? Et si vous êtes un de ses vrais amants, n'iriez-vous pas, si la recette en était perdue, en chercher la dernière goutte jusque dans la bouche du volcan ?

OCTAVE – Elle n'en vaut ni plus ni moins. Elle sait qu'elle est

Vocabulaire

1. *Poudreuse :* poussiéreuse.
2. *Virginale :* pure.
3. *Empourprée :* rouge.

bonne à boire et qu'elle est faite pour être bue. Dieu n'en a pas caché la source au sommet d'un pic inabordable, au fond d'une caverne profonde ; il l'a suspendue en grappes dorées au bord de nos chemins ; elle y fait le métier des courtisanes ; elle y effleure[1] la main du passant ; elle y étale aux rayons du soleil sa gorge rebondie, et toute une cour d'abeilles et de frelons murmure autour d'elle matin et soir. Le voyageur dévoré de soif peut se coucher sous ses rameaux verts ; jamais elle ne l'a laissé languir, jamais elle ne lui a refusé les douces larmes dont son cœur est plein. Ah ! Marianne, c'est un don fatal que la beauté ! – La sagesse dont elle se vante est sœur de l'avarice, et il y a plus de miséricorde[2] dans le ciel pour ses faiblesses que pour sa cruauté. Bonsoir, cousine ; puisse Cœlio vous oublier !

Il entre dans l'auberge, Marianne dans sa maison.

Scène 2

Une autre rue.

CŒLIO, CIUTA

CIUTA – Seigneur Cœlio, défiez-vous[3] d'Octave. Ne vous a-t-il pas dit que la belle Marianne lui avait fermé sa porte ?

CŒLIO – Assurément. – Pourquoi m'en défierais-je ?

Vocabulaire
1. *Effleure :* touche à peine.
2. *Miséricorde :* indulgence, clémence.
3. *Défiez-vous :* méfiez-vous.

Ciuta – Tout à l'heure, en passant dans sa rue, je l'ai vu en conversation avec elle sous une tonnelle couverte.

Cœlio – Qu'y a-t-il d'étonnant à cela ? Il aura épié ses démarches et saisi un moment favorable pour lui parler de moi.

Ciuta – J'entends qu'ils se parlaient amicalement et comme gens qui sont de bon accord ensemble.

Cœlio – En es-tu sûre, Ciuta ? Alors je suis le plus heureux des hommes : il aura plaidé ma cause avec chaleur.

Ciuta – Puisse le ciel vous favoriser !

Elle sort.

Cœlio – Ah ! que je fusse né dans le temps des tournois et des batailles ! Qu'il m'eût été permis de porter les couleurs[1] de Marianne et de les teindre de mon sang ! Qu'on m'eût donné un rival à combattre, une armée entière à défier ! Que le sacrifice de ma vie eût pu lui être utile ! Je sais agir, mais je ne puis parler. Ma langue ne sert point mon cœur, et je mourrai sans m'être fait comprendre, comme un muet dans une prison.

Il sort.

Vocabulaire

1. *Couleurs :* tissus aux couleurs de la femme aimée à l'époque médiévale.

Scène 3

Chez Claudio.

CLAUDIO, MARIANNE

CLAUDIO – Pensez-vous que je sois un mannequin[1], et que je me promène sur la terre pour servir d'épouvantail aux oiseaux ?

MARIANNE – D'où vous vient cette gracieuse idée ?

CLAUDIO – Pensez-vous qu'un juge criminel ignore la valeur des mots, et qu'on puisse se jouer de sa crédulité[2] comme de celle d'un danseur ambulant ?

MARIANNE – À qui en avez-vous ce soir ?

CLAUDIO – Pensez-vous que je n'ai pas entendu vos propres paroles : « Si cet homme ou son ami se présente à ma porte, qu'on la lui fasse fermer » ? et croyez-vous que je trouve convenable de vous voir converser[3] librement avec lui sous une tonnelle, lorsque le soleil est couché ?

MARIANNE – Vous m'avez vue sous une tonnelle ?

CLAUDIO – Oui, oui, de ces yeux que voilà, sous la tonnelle d'un cabaret ! La tonnelle d'un cabaret n'est point un lieu de conversation pour la femme d'un magistrat, et il est inutile de faire fermer sa porte, quand on se renvoie le dé en plein air avec si peu de retenue.

Vocabulaire

1. *Mannequin :* pantin.
2. *Crédulité :* naïveté.
3. *Converser :* parler avec quelqu'un.

MARIANNE – Depuis quand m'est-il défendu de causer avec un de vos parents ?

CLAUDIO – Quand un de mes parents est un de vos amants, il est fort bien fait de s'en abstenir.

MARIANNE – Octave, un de mes amants ? Perdez-vous la tête ? Il n'a de sa vie fait la cour à personne.

CLAUDIO – Son caractère est vicieux[1]. – C'est un coureur de tabagies[2].

MARIANNE – Raison de plus pour qu'il ne soit pas, comme vous dites fort agréablement, un de mes amants. – Il me plaît de parler à Octave sous la tonnelle d'un cabaret.

CLAUDIO – Ne me poussez pas à quelque fâcheuse extrémité par vos extravagances, et réfléchissez à ce que vous faites.

MARIANNE – À quelle extrémité voulez-vous que je vous pousse ? Je suis curieuse de savoir ce que vous feriez.

CLAUDIO – Je vous défendrais de le voir et d'échanger avec lui aucune parole, soit dans ma maison, soit dans une maison tierce, soit en plein air.

MARIANNE – Ah ! ah ! vraiment, voilà qui est nouveau ! Octave est mon parent tout autant que le vôtre ; je prétends lui parler quand bon me semblera, en plein air ou ailleurs, et dans cette maison, s'il lui plaît d'y venir.

Vocabulaire
1. *Vicieux :* immoral. **2.** *Tabagies :* cabarets où l'on fume.

CLAUDIO – Souvenez-vous de cette dernière phrase que vous venez de prononcer. Je vous ménage[1] un châtiment exemplaire, si vous allez contre ma volonté.

MARIANNE – Trouvez bon que j'aille d'après la mienne, et ménagez-moi ce qui vous plaît. Je m'en soucie comme de cela.

CLAUDIO – Marianne, brisons cet entretien. Ou vous sentirez l'inconvenance[2] de s'arrêter sous une tonnelle, ou vous me réduirez à une violence qui répugne[3] à mon habit.

Il sort.

MARIANNE, *seule* – Holà ! quelqu'un !

Un domestique entre.

Voyez-vous là-bas, dans cette rue, ce jeune homme assis devant une table, sous une tonnelle ? Allez lui dire que j'ai à lui parler, et qu'il prenne la peine d'entrer dans ce jardin.

Le domestique sort.

Voilà qui est nouveau ! Pour qui me prend-on ? Quel mal y a-t-il donc ? Comment suis-je donc faite aujourd'hui ? Voilà une robe affreuse. Qu'est-ce que cela signifie ? – Vous me réduirez à la violence ! Quelle violence ? Je voudrais que ma mère fût là. Ah bah ! elle est de son avis dès qu'il dit un mot. J'ai une envie de battre quelqu'un !

Vocabulaire
1. *Ménage :* prépare.
2. *Inconvenance :* caractère indécent, scandaleux, d'une attitude.
3. *Répugne :* est en opposition.

Elle renverse les chaises.

Je suis bien sotte en vérité ! Voilà Octave qui vient. – Je voudrais qu'il le rencontrât. – Ah ! c'est donc là le commencement ! On me l'avait prédit. – Je le savais. – Je m'y attendais ! Patience, patience. Il me ménage un châtiment ! Et lequel, par hasard ? Je voudrais bien savoir ce qu'il veut dire !

Entre Octave.

Asseyez-vous, Octave, j'ai à vous parler.

Octave – Où voulez-vous que je m'assoie ? Toutes les chaises sont les quatre fers en l'air[1]. – Que vient-il donc de se passer ici ?

Marianne – Rien du tout.

Octave – En vérité, cousine, vos yeux disent le contraire.

Marianne – J'ai réfléchi à ce que vous m'avez dit sur le compte de votre ami Cœlio. Dites-moi, pourquoi ne s'explique-t-il pas lui-même ?

Octave – Par une raison assez simple : il vous a écrit, et vous avez déchiré ses lettres ; il vous a envoyé quelqu'un, et vous lui avez fermé la bouche ; il vous a donné des concerts, vous l'avez laissé dans la rue. Ma foi, il s'est donné au diable, et on s'y donnerait à moins.

Marianne – Cela veut dire qu'il a songé à vous ?

Vocabulaire

1. *Les quatre fers en l'air :* retournées, les pieds en l'air.

OCTAVE – Oui.

MARIANNE – Eh bien ! parlez-moi de lui.

OCTAVE – Sérieusement ?

MARIANNE – Oui, oui, sérieusement. Me voilà. J'écoute.

OCTAVE – Vous voulez rire ?

MARIANNE – Quel pitoyable[1] avocat êtes-vous donc ? Parlez, que je veuille rire ou non.

OCTAVE – Que regardez-vous à droite et à gauche ? En vérité, vous êtes en colère.

MARIANNE – Je veux prendre un amant, Octave... sinon un amant, du moins un cavalier. Que me conseillez-vous ? Je m'en rapporte à votre choix : – Cœlio ou tout autre, peu m'importe ; – dès demain –, dès ce soir, celui qui aura la fantaisie de chanter sous mes fenêtres trouvera ma porte entrouverte. Eh bien ! vous ne parlez pas ? Je vous dis que je prends un amant. Tenez, voilà mon écharpe en gage[2] : – qui vous voudrez la rapportera.

OCTAVE – Marianne ! quelle que soit la raison qui a pu vous inspirer une minute de complaisance, puisque vous m'avez appelé, puisque vous consentez à m'entendre, au nom du ciel, restez la même une minute encore ; permettez-moi de vous parler.

Il se jette à genoux.

Vocabulaire

1. *Pitoyable* : lamentable.
2. *Gage* : garantie.

MARIANNE – Que voulez-vous me dire ?

OCTAVE – Si jamais homme au monde a été digne de vous comprendre, digne de vivre et de mourir pour vous, cet homme est Cœlio. Je n'ai jamais valu grand-chose, et je me rends cette justice, que la passion dont je fais l'éloge trouve un misérable interprète. Ah ! si vous saviez sur quel autel[1] sacré vous êtes adorée comme un dieu ! Vous, si belle, si jeune, si pure encore, livrée à un vieillard qui n'a plus de sens, et qui n'a jamais eu de cœur ! Si vous saviez quel trésor de bonheur, quelle mine féconde repose en vous ! en lui ! dans cette fraîche aurore de jeunesse, dans cette rosée céleste de la vie, dans ce premier accord de deux âmes jumelles ! Je ne vous parle pas de sa souffrance, de cette douce et triste mélancolie qui ne s'est jamais lassée de vos rigueurs, et qui en mourrait sans se plaindre. Oui, Marianne, il en mourra. Que puis-je vous dire ? qu'inventerai-je pour donner à mes paroles la force qui leur manque ? Je ne sais pas le langage de l'amour. Regardez dans votre âme ; c'est elle qui peut vous parler de la sienne. Y a-t-il un pouvoir capable de vous toucher ? Vous qui savez supplier Dieu, existe-t-il une prière qui puisse rendre ce dont mon cœur est plein ?

MARIANNE – Relevez-vous, Octave. En vérité, si quelqu'un entrait ici, ne croirait-on pas, à vous entendre, que c'est pour vous que vous plaidez ?

Vocabulaire
1. *Autel :* terme religieux désignant la table sacrée recevant les sacrifices et les offrandes.

OCTAVE – Marianne ! Marianne ! au nom du ciel, ne souriez pas ! ne fermez pas votre cœur au premier éclair qui l'ait peut-être traversé ! Ce caprice de bonté, ce moment précieux va s'évanouir. – Vous avez prononcé le nom de Cœlio, vous avez pensé à lui, dites-vous. Ah ! si c'est une fantaisie, ne me la gâtez pas. – Le bonheur d'un homme en dépend.

MARIANNE – Êtes-vous sûr qu'il ne me soit pas permis de sourire ?

OCTAVE – Oui, vous avez raison, je sais tout le tort que mon amitié peut faire. Je sais qui je suis, je le sens ; un pareil langage dans ma bouche a l'air d'une raillerie[1]. Vous doutez de la sincérité de mes paroles ; jamais peut-être je n'ai senti avec plus d'amertume[2] qu'en ce moment le peu de confiance que je puis inspirer.

MARIANNE – Pourquoi cela ? vous voyez que j'écoute. Cœlio me déplaît ; je ne veux pas de lui. Parlez-moi de quelque autre, de qui vous voudrez. Choisissez-moi dans vos amis un cavalier digne de moi ; envoyez-le-moi, Octave. Vous voyez que je m'en rapporte à vous.

OCTAVE – Ô femme, trois fois femme ! Cœlio vous déplaît, – mais le premier venu vous plaira. L'homme qui vous aime depuis un mois, qui s'attache à vos pas, qui mourrait de bon cœur sur un mot de votre bouche, celui-là vous déplaît ! il

Vocabulaire
1. *Raillerie :* moquerie.
2. *Amertume :* regret.

est jeune, beau, riche et digne en tout point de vous ; mais il vous déplaît ! et le premier venu vous plaira !

MARIANNE – Faites ce que je vous dis, ou ne me revoyez pas.

Elle sort.

OCTAVE, *seul* – Ton écharpe est bien jolie, Marianne, et ton petit caprice de colère est un charmant traité de paix. – Il ne me faudrait pas beaucoup d'orgueil[1] pour le comprendre : un peu de perfidie[2] suffirait. Ce sera pourtant Cœlio qui en profitera.

Il sort.

Scène 4

Chez Cœlio.

CŒLIO, UN DOMESTIQUE

CŒLIO – Il est en bas ; dites-vous ? Qu'il monte ! Pourquoi ne le faites-vous pas monter sur-le-champ ?

Entre Octave.

Eh bien ! mon ami, quelle nouvelle ?

OCTAVE – Attache ce chiffon à ton bras droit, Cœlio, prends ta guitare et ton épée. – Tu es l'amant de Marianne.

CŒLIO – Au nom du ciel, ne te ris pas de moi.

Vocabulaire

1. *Orgueil :* amour-propre.
2. *Perfidie :* traîtrise, trahison.

Octave – La nuit est belle ; – la lune va paraître à l'horizon. Marianne est seule, et sa porte est entrouverte. Tu es un heureux garçon, Cœlio.

Cœlio – Est-ce vrai ? – est-ce vrai ? – Ou tu es ma vie, Octave, ou tu es sans pitié.

Octave – Tu n'es pas encore parti ? Je te dis que tout est convenu. Une chanson sous sa fenêtre ; cache-toi un peu le nez dans ton manteau, afin que les espions du mari ne te reconnaissent pas. Sois sans crainte, afin qu'on te craigne ; et si elle résiste, prouve-lui qu'il est un peu tard.

Cœlio – Ah ! mon Dieu, le cœur me manque.

Octave – Et à moi aussi, car je n'ai dîné qu'à moitié. – Pour récompense de mes peines, dis en sortant qu'on me monte à souper.

Il s'assoit.

As-tu du tabac turc ? Tu me trouveras probablement ici demain matin. Allons, mon ami, en route ! tu m'embrasseras en revenant. En route ! en route ! la nuit s'avance.

Cœlio sort.

Octave, *seul* – Écris sur tes tablettes, Dieu juste, que cette nuit doit m'être comptée dans ton paradis ! Est-ce bien vrai que tu as un paradis ? En vérité, cette femme était belle, et sa petite colère lui allait bien. D'où venait-elle ? c'est ce que j'ignore. Qu'importe comment la bille d'ivoire tombe sur le numéro que nous avons appelé ? Souffler une maîtresse à son ami, c'est une rouerie[1] trop commune pour moi. Marianne, ou toute autre, qu'est-ce que cela me fait ? La véritable affaire est de souper ; il est clair que Cœlio est à jeun[2]. Comme tu m'aurais détesté, Marianne, si je t'avais aimée ! comme tu m'aurais fermé ta porte ! comme ton bélître[3] de mari t'aurait paru un Adonis[4], un Sylvain[5], en comparaison de moi ! Où est donc la raison de tout cela ? pourquoi la fumée de cette pipe va-t-elle à droite plutôt qu'à gauche ? Voilà la raison de tout. – Fou ! trois fois fou à lier, celui qui calcule ses chances, qui met la raison de son côté ! La justice céleste[6] tient une balance dans ses mains. La balance est parfaitement juste, mais tous les poids sont creux. Dans l'un il y a une pistole[7], dans l'autre un soupir amoureux, dans celui-là une migraine, dans celui-ci il y a le temps qu'il fait, et toutes les actions humaines s'en vont de haut en bas, selon ces poids capricieux.

Un domestique, *entrant* – Monsieur, voilà une lettre à votre adresse ; elle est si pressée, que vos gens l'ont apportée ici ; on a recommandé de vous la remettre, en quelque lieu que vous fussiez ce soir.

Octave – Voyons un peu cela.

Vocabulaire et noms propres

1. *Rouerie :* ruse.
2. *Est à jeun :* n'a rien mangé.
3. *Bélître :* gueux.
4. *Adonis :* dans la mythologie grecque, jeune homme représentant la Beauté, aimé d'Aphrodite.
5. *Sylvain :* divinité des champs et des bois.
6. *Céleste :* du ciel, de Dieu.
7. *Pistole :* pièce d'or.

Il lit.

« Ne venez pas ce soir. Mon mari a entouré la maison d'assassins, et vous êtes perdu s'ils vous trouvent.

MARIANNE. »

Malheureux que je suis ! qu'ai-je fait ? Mon manteau ! mon chapeau ! Dieu veuille qu'il soit encore temps ! Suivez-moi, vous et tous les domestiques qui sont debout à cette heure. Il s'agit de la vie de votre maître.

Il sort en courant.

Scène 5

Le jardin de Claudio. – Il est nuit.

CLAUDIO, DEUX SPADASSINS, TIBIA

CLAUDIO – Laissez-le entier, et jetez-vous sur lui dès qu'il sera parvenu à ce bosquet[1].

TIBIA – Et s'il entre par l'autre côté ?

CLAUDIO – Alors, attendez-le au coin du mur.

UN SPADASSIN – Oui, monsieur.

TIBIA – Le voilà qui arrive. Tenez, monsieur, voyez comme son ombre est grande ! c'est un homme d'une belle stature.

CLAUDIO – Retirons-nous à l'écart, et frappons quand il en sera temps.

Vocabulaire
1. *Bosquet :* petit bois.

Entre Cœlio.

CŒLIO, *frappant à la jalousie* – Marianne ! Marianne ! êtes-vous là ?

MARIANNE, *paraissant à la fenêtre* – Fuyez, Octave ; vous n'avez donc pas reçu ma lettre ?

CŒLIO – Seigneur mon Dieu ! quel nom ai-je entendu ?

MARIANNE – La maison est entourée d'assassins ; mon mari vous a vu entrer ce soir ; il a écouté notre conversation, et votre mort est certaine, si vous restez une minute encore.

CŒLIO – Est-ce un rêve ? suis-je Cœlio ?

MARIANNE – Octave ! Octave ! au nom du ciel, ne vous arrêtez pas ! Puisse-t-il être encore temps de vous échapper ! Demain trouvez-vous, à midi, dans un confessionnal de l'église, j'y serai.

La jalousie se referme.

CŒLIO – Ô mort ! puisque tu es là, viens donc à mon secours. Octave, traître Octave ! puisse mon sang retomber sur toi ! Puisque tu savais quel sort m'attendait ici, et que tu m'y as envoyé à ta place, tu seras satisfait dans ton désir. Ô mort ! je t'ouvre les bras ; voici le terme[1] de mes maux.

Il sort. – On entend des cris étouffés et un bruit éloigné dans le jardin.

OCTAVE, *en dehors* – Ouvrez, ou j'enfonce les portes !

Vocabulaire
1. *Terme :* fin.

CLAUDIO, *ouvrant, son épée sous le bras* – Que voulez-vous ?

OCTAVE – Où est Cœlio ?

CLAUDIO – Je ne pense pas que son habitude soit de coucher dans cette maison.

OCTAVE – Si tu l'as assassiné, Claudio, prends garde à toi ; je te tordrai le cou de ces mains que voilà.

CLAUDIO – Êtes-vous fou ou somnambule ?

OCTAVE – Ne l'es-tu pas toi-même, pour te promener à cette heure, ton épée sous le bras ?

CLAUDIO – Cherchez dans ce jardin, si bon vous semble ; je n'y ai vu entrer personne ; et si quelqu'un l'a voulu faire, il me semble que j'avais le droit de ne pas lui ouvrir.

OCTAVE, *à ses gens* – Venez, et cherchez partout !

CLAUDIO, *bas, à Tibia* – Tout est-il fini comme je l'ai ordonné ?

TIBIA – Oui, monsieur ; soyez en repos, ils peuvent chercher tant qu'ils voudront.

Tous sortent.

Scène 6

Un cimetière.

OCTAVE ET MARIANNE, *auprès d'un tombeau.*

OCTAVE – Moi seul au monde je l'ai connu. Cette urne[1] d'albâtre[2], couverte de ce long voile de deuil, est sa parfaite image. C'est ainsi qu'une douce mélancolie voilait les perfections de cette âme tendre et délicate. Pour moi seul, cette vie silencieuse n'a point été un mystère. Les longues soirées que nous avons passées ensemble sont comme de fraîches oasis dans un désert aride ; elles ont versé sur mon cœur les seules gouttes de rosée qui y soient jamais tombées. Cœlio était la bonne partie de moi-même ; elle est remontée au ciel avec lui. C'était un homme d'un autre temps ; il connaissait les plaisirs, et leur préférait la solitude ; il savait combien les illusions sont trompeuses, et il préférait ses illusions à la réalité. Elle eût été heureuse, la femme qui l'eût aimé.

MARIANNE – Ne serait-elle point heureuse, Octave, la femme qui t'aimerait ?

OCTAVE – Je ne sais point aimer ; Cœlio seul le savait.

La cendre que renferme cette tombe est tout ce que j'ai aimé sur la terre, tout ce que j'aimerai. Lui seul savait verser dans une autre âme toutes les sources de bonheur qui reposaient dans la sienne. Lui seul était capable d'un dévouement[3] sans

Vocabulaire

1. *Urne :* vase contenant les cendres du défunt.
2. *Albâtre :* matériau blanc.
3. *Dévouement :* sacrifice.

bornes ; lui seul eût consacré sa vie entière à la femme qu'il aimait, aussi facilement qu'il aurait bravé la mort pour elle. Je ne suis qu'un débauché sans cœur, je n'estime point les femmes ; l'amour que j'inspire est comme celui que je ressens : l'ivresse passagère d'un songe. Je ne sais pas les secrets qu'il savait. Ma gaieté est comme le masque d'un histrion[1] ; mon cœur est plus vieux qu'elle, mes sens blasés n'en veulent plus. Je ne suis qu'un lâche ; sa mort n'est point vengée.

MARIANNE – Comment aurait-elle pu l'être, à moins de risquer votre vie ? Claudio est trop vieux pour accepter un duel, et trop puissant dans cette ville pour rien craindre de vous.

OCTAVE – Cœlio m'aurait vengé si j'étais mort pour lui comme il est mort pour moi. Ce tombeau m'appartient ; c'est moi qu'ils ont étendu sous cette froide pierre ; c'est pour moi qu'ils avaient aiguisé[2] leurs épées ; c'est moi qu'ils ont tué. Adieu la gaieté de ma jeunesse, l'insouciante folie, la vie libre et joyeuse au pied du Vésuve ! adieu les bruyants repas, les causeries du soir, les sérénades sous les balcons dorés ! adieu Naples et ses femmes, les mascarades à la lueur des torches, les longs soupers à l'ombre des forêts ! adieu l'amour et l'amitié ! ma place est vide sur la terre.

MARIANNE – Mais non pas dans mon cœur, Octave. Pourquoi dis-tu : « Adieu l'amour » ?

OCTAVE – Je ne vous aime pas, Marianne ; c'était Cœlio qui vous aimait.

Vocabulaire
1. *Histrion :* bouffon.
2. *Aiguisé :* affilé, affûté.

Une exposition de comédie

ÉTUDE DE LA LANGUE (Acte I, scène 1)

Grammaire

1. Par quelle tournure grammaticale Ciuta présente-t-elle Marianne à la ligne 15 ?

☐ un comparatif de supériorité

☐ un comparatif d'égalité

☐ un superlatif

Orthographe/Conjugaison

2. Octave dit à Cœlio (p. 18, l. 212) : « N'aie aucune crainte là-dessus. » À quel mode et à quel temps est conjugué le verbe « avoir » ?

Vocabulaire

3. Page 12, ligne 78 : « [...] Tu as un pied de rouge sur les joues ! » Que signifie cette expression ? Qu'est-ce qu'un « pied » dans ce contexte ? Trouvez un synonyme.

4. Page 13, lignes 97 à 100. Quand Cœlio dit à son ami « Tu te tueras, Octave », celui-ci lui répond : « Jamais de ma propre main, mon ami, jamais ; j'aimerais mieux mourir que d'attenter à mes jours. » Expliquez le jeu de mots d'Octave.

LECTURE

Lecture d'ensemble (Œuvre intégrale)

5. Observez la liste des personnages : pourquoi peut-on affirmer qu'il s'agit d'un personnel théâtral de comédie ?

6. Dans quel décor le début de la pièce se situe-t-il ? Dans quelle tradition Musset s'inscrit-il alors ?

7. Quelle est l'intrigue principale de la pièce ?

8. Qui est Claudio ? À quel type de personnage vous fait-il penser ? Cherchez d'autres personnages lui ressemblant dans le théâtre de Molière.

9. La présentation de Marianne dans le début de la pièce répond-elle aux attentes données par le titre ? À quoi le lecteur peut-il s'attendre dans la suite concernant ce personnage ?

Lecture d'image (Tableau reproduit ci-dessous)

Antoine Watteau (1684-1721), *Les Comédiens italiens,* 1720.

10. Quels personnages repérez-vous sur ce tableau ? Qui est placé au centre ? Pourquoi, à votre avis ?

Lecture linéaire (Acte I, scène 1)

11. Quel est le cadre de l'action évoqué par Octave à la ligne 83 ? Quels sont les indices visuels de la scène qui permettent de confirmer cette information ?

12. Observez l'entrée en scène du personnage d'Octave (lignes 75 à 96). Quelles sont les caractéristiques du personnage ? Comment pouvez-vous le qualifier ?

HISTOIRE DES ARTS
La commedia dell'arte

La commedia dell'arte ou « comédie de l'art » est un type de théâtre itinérant né en Italie au XVIe siècle, représenté par des troupes de comédiens professionnels. Sa particularité était de présenter des personnages-types tels Arlequin, Pierrot, Pantalon, joués par des comédiens masqués. Ils se produisaient dans les rues de manière quasi-improvisée, cherchant, par leurs intrigues simples et animées, à faire rire les spectateurs.

13. Comment le dialogue entre Cœlio et Octave fonctionne-t-il (lignes 78 à 91) ? Que remarquez-vous dans l'enchaînement des répliques ?

EXPRESSION

Expression écrite

14. Rédigez les didascalies (voir Lexique p. 78) accompagnant l'entrée en scène du personnage d'Octave (lignes 75 à 117). Elles devront accentuer la dimension comique du passage.

Expression orale

15. Imaginez des éléments (gestes, costumes, façons de parler...) pour mettre en scène le passage des lignes 75 à 133, puis jouez-le en suivant les indications.

Méthode ***Comment analyser une scène d'exposition***

La première scène d'une pièce répond à plusieurs fonctions. Il s'agit de :

→ repérer les éléments précisant le cadre de l'action et les éléments de décor permettant au spectateur de se le représenter ;

→ dresser les caractéristiques des personnages principaux de la pièce, le lien qui les unit, en relation avec la liste des personnages présentée avant ;

→ identifier le nœud de l'intrigue ;

→ à partir des éléments trouvés, déterminer le genre de la pièce dans laquelle vous entrez : est-ce plutôt une comédie ou une tragédie ?

Le drame romantique

ÉTUDE DE LA LANGUE (Acte I, scène 1)

Grammaire

1. Page 9, lignes 5-6 : que sont « éperdument » et « vainement » ? Choisissez une réponse et expliquez la construction grammaticale de ces mots.

☐ des adjectifs ☐ des adverbes ☐ des compléments du nom

2. Page 15, lignes 131 à 133 : « Jamais elle n'a paru à sa fenêtre ; jamais elle n'est venue appuyer son front charmant sur sa jalousie. » Quelle tournure poétique cette phrase présente-t-elle ? Pourquoi Cœlio l'emploie-t-il, à votre avis ?

Orthographe

3. Sur quelle base le nom commun « insouciance » (p. 14, l. 121) est-il construit ? Expliquez la formation de ce mot et donnez-en un synonyme pour en éclairer le sens.

4. Comment passe-t-on du nom propre « Syracuse » à l'adjectif « syracusain » (p. 17, l. 186) ? Comment se nomme la partie finale qui constitue le nom commun ?

Vocabulaire

5. Page 15, ligne 133 : quel est le sens du mot « jalousie » dans le contexte ? Quelles autres acceptions ce mot peut-il avoir ? Qu'est-ce qui rapproche les différentes réalités évoquées par ce mot ?

6. Quels sont les différents sens qu'on peut attribuer au mot « charme » ? Quelle est l'acception à choisir pour la phrase du texte, page 15, ligne 128 ?

LECTURE

Lecture d'ensemble (Œuvre intégrale)

7. À la ligne 220 de la page 19, Cœlio dit à Octave : « Je ne puis dire pourquoi ; il me semble que tu vas me tromper. » Avec quelle scène ultérieure cette réplique peut-elle être mise en relation ?

Dans quel genre théâtral trouve-t-on habituellement ce type de réplique ?

8. Quel personnage Claudio veut-il convoquer pour régler la situation à la page 10 ? Que cela présage-t-il de la suite de la pièce ?

9. L'histoire de quel personnage apprend-t-on à la scène 2 de l'acte I ? En quoi celle-ci fait-elle écho à la suite de la pièce ?

10. Que confie Marianne à Claudio à la fin du premier acte (l. 445 à 458) ? Que va déclencher cette révélation ?

11. À la fin de la lecture du premier acte, le lecteur a-t-il toujours l'impression d'être dans l'univers de la comédie, comme l'indiquait le sous-titre de la pièce ? Pourquoi ?

Lecture d'image (Tableau reproduit ci-dessous)

12. Observez les mouvements du public représenté sur cette gravure : que remarquez-vous ? Quelle atmosphère se dégage de cette représentation de la première du drame *Hernani* de Victor Hugo ?

Albert Besnard (1849-1934), *La Première d'Hernani, Avant la bataille,* 1903.

Lecture linéaire (Acte I, scène 1)

13. Quelle représentation Octave donne-t-il de lui-même à la ligne 103 ? Quelle figure de style utilise-t-il ?

14. Quels sentiments transparaissent dans la tirade d'Octave ? En quoi le personnage semble-t-il ici plus complexe qu'il n'y paraît ?

15. Quels champs lexicaux peut-on repérer dans la tirade de Cœlio des lignes 121 à 133 ? Comment le personnage se présente-t-il ?

16. Pourquoi peut-on qualifier la tirade de Cœlio de « lyrique » ? Quels sont les indices de ce registre des lignes 124 à 133 ?

17. Quels sont les éléments de cette première scène qui révèlent le caractère violent de Claudio ? Relevez le lexique utilisé par ce personnage pour justifier votre réponse.

18. Montrez que dans cette scène d'exposition se mêlent registre comique et registre tragique (voir encadré Méthode).

EXPRESSION

Expression écrite

19. Imaginez la tirade que Cœlio déclamerait à Marianne si celui-ci pouvait l'approcher.

HISTOIRE DES ARTS

La bataille d'Hernani ou la naissance du drame romantique

Quand Victor Hugo (1802-1885) fait représenter sa pièce intitulée *Hernani* en 1830, il rompt avec toutes les conventions du théâtre classique qui étaient respectées jusque-là. Refusant la règle des trois unités (voir extrait p. 75, Préface de *Cromwell*, Victor Hugo), il prône une liberté absolue et le mélange des genres de la comédie et de la tragédie et des registres, en accord avec la sensibilité romantique de l'époque. La première représentation de cette pièce est connue pour avoir déclenché une véritable bataille entre les partisans d'Hugo et ses opposants, les « classiques », et marque la naissance de ce que l'on a appelé le « drame romantique ».

20. Imaginez le discours qu'Octave tiendrait pour séduire une femme. Vous pouvez inscrire son propos dans le cadre d'un dialogue avec un personnage féminin que vous inventerez.

Expression orale

21. Lisez à haute voix la tirade de Cœlio (lignes 121 à 133). Quel ton adoptez-vous ? Pourquoi ?

22. Jouez le dialogue entre Octave et Marianne, des lignes 225 à la fin de la scène, en imaginant les déplacements des deux personnages sur la scène.

PATRIMOINE

23. En quoi les événements historiques de l'époque peuvent-ils expliquer l'envie des dramaturges de libérer le théâtre de ses contraintes ? À quoi s'opposent-ils ? Vous pouvez vous aider de la frise des pages 6-7.

24. Quels poètes romantiques pouvez-vous citer ? Que mettent-ils en avant dans leur poème ? En quoi rejoignent-ils les aspirations du théâtre romantique ?

Méthode — *Comment repérer registre comique et registre tragique*

Le registre d'un texte est l'ensemble des procédés mis en place par celui-ci pour créer un certain effet.

→ Le registre comique cherche à susciter le rire chez le lecteur-spectateur en utilisant certains éléments : des jeux de mots, une gestuelle exagérée, une situation spéciale (quiproquo, méprise…), un personnage ayant un caractère particulier et dont on se moque.

→ Le registre tragique cherche à produire un sentiment de pitié et de terreur chez le lecteur-spectateur. Il utilise pour ce faire un lexique évoquant la souffrance, la fatalité, la mort, la violence et une ponctuation expressive rendant compte du caractère exacerbé de ces sentiments.

Le quiproquo

ÉTUDE DE LA LANGUE (Acte II, scène 3)

Grammaire

1. Page 33, lignes 59-60. Octave dit à Marianne : « [...] Vous êtes comme les roses du Bengale, Marianne, sans épine et sans parfum. » Quelle figure de style utilise-t-il ?

☐ une métaphore ☐ une comparaison
☐ une personnification

2. Page 45, lignes 320-321 : « Que le sacrifice de ma vie eût pu lui être utile ! » Quelle est la tournure grammaticale employée ici par Cœlio ? Le mode du verbe traduit-il une valeur de réel ou d'irréel ?

Orthographe/Conjugaison

3. Page 42, ligne 251 : « Dieu m'en préserve ! » Quel est le mode du verbe ? Quelle valeur doit-on lui associer ?

Vocabulaire

4. Page 31, ligne 12 : Octave nomme Claudio « messer Claudio ». Cherchez l'origine et l'évolution de ce mot ? Quel terme utilise-t-on aujourd'hui ?

5. Page 49, lignes 397-398 : « Toutes les chaises sont les quatre fers en l'air. » Que signifie cette expression ? À quel niveau de langue appartient-elle ?

LECTURE

Lecture d'ensemble (Œuvre intégrale)

6. Comment Marianne apparaît-elle au début de l'acte II ? Quel forme de discours utilise-t-elle ? Que cela révèle-t-il de nouveau dans le caractère du personnage ?

7. À quel moment de la pièce le titre semble-t-il être actualisé ? Quelle est l'origine du « caprice » de Marianne ?

8. Quelle facette de la personnalité de Marianne le spectateur découvre-t-il dans ses dialogues avec Octave ? À quel type de personnage de la tradition théâtrale vous fait-elle penser ? En quoi cela contraste-t-il avec la présentation de Marianne dans la scène d'exposition ?

9. En quoi la scène 4 de l'acte II peut-elle être qualifiée d'ironique ? Qu'est-ce que cette situation a de tragique ?

10. Que le lecteur ressent-il pour le personnage de Cœlio à la fin de la scène 4 de l'acte II ? Qu'espère-t-il ? Que peut-il présager ?

Lecture linéaire (Acte II, scène 3)

11. Marianne se met en colère dans la scène 3 de l'acte II, à partir de la ligne 383. Analysez la ponctuation de son monologue : que remarquez-vous ? Par quelle didascalie la tirade est-elle illustrée ? Comment le lecteur imagine-t-il le personnage sur scène ?

12. Pourquoi peut-on parler de coup de théâtre pour qualifier cette scène ?

13. Comment Octave réagit-il à l'annonce de Marianne ? Relevez les différentes postures adoptées par ce personnage face à Marianne de la ligne 395 à la fin de la scène. Pourquoi cette scène peut-elle paraître ambiguë ?

NOTIONS LITTÉRAIRES

Les didascalies externes et internes

Les didascalies sont toutes les indications de mise en scène données par le dramaturge dans le texte théâtral. Elles peuvent être de deux natures :

• les didascalies externes, qui sont coupées des répliques et se situent avant ou après la parole des personnages. Elles concernent le décor, les gestes ou les déplacements des personnages sur scène, le ton que le comédien doit employer pour dire sa réplique, par exemple ;

• les didascalies internes, qui se situent dans les paroles, les répliques des personnages : elles sont des indices sur le comportement ou les gestes du personnage donnés par lui-même.

14. Pourquoi peut-on dire que cette scène va enclencher un quiproquo ? Quel est l'objet scénique qui symbolise le quiproquo à venir ?

Lecture d'image (Couverture de l'ouvrage)

15. Observez le personnage féminin peint dans le tableau représenté en couverture : en quoi ses gestes, sa posture, son expression et les éléments de décor qui l'entourent peuvent-ils faire penser au personnage de Marianne ?

EXPRESSION

Expression écrite

16. Vous assistez à une représentation des *Caprices de Marianne* et la scène de dispute entre Claudio et Marianne (acte II, scène 3) tant attendue arrive. Décrivez-la et précisez les déplacements sur scène, le ton et les gestes des personnages.

Expression orale

17. Entraînez-vous à jouer le monologue de Marianne de l'acte II, scène 3 (l. 377 à 394). Interrogez-vous auparavant sur la gestuelle et les déplacements attendus pour rendre l'émotion du moment.

Méthode › *Comment étudier les éléments de mise en scène*

La mise en scène est le prolongement et l'aboutissement du texte théâtral. Pour décrypter les éléments sur lesquels elle s'appuie, il faut lire le texte de théâtre en prêtant attention à tout ce qui peut faire l'objet d'une apparition concrète sur scène :

→ le décor, qui contribue à créer une atmosphère particulière ;

→ les objets scéniques, qui sont les éléments concrets qui, sur scène, vont être le symbole d'un lien ou d'un rapport de force entre les personnages ;

→ les indications concernant le costume des personnages (comme pour le déguisement d'Octave dans la scène d'exposition) ;

→ l'évocation des déplacements et des gestes des personnages, qui montrent leur état d'esprit.

Un dénouement de tragédie

ÉTUDE DE LA LANGUE (Acte II, scène 4)

Grammaire

1. Page 56, lignes 545-546. Marianne écrit à Octave : « Ne venez pas ce soir. Mon mari a entouré la maison d'assassins, **et** vous êtes perdu s'ils vous trouvent. » Réécrivez la phrase en remplaçant le « et » par une autre conjonction. Qu'exprime alors le mot « et » ?

☐ une cause ☐ une conséquence ☐ un but

Orthographe/Conjugaison

2. Page 53, lignes 488-489. Octave affirme, après avoir reçu l'écharpe des mains de Marianne : « Ce sera pourtant Cœlio qui en profitera. » Quel temps verbal utilise-t-il ? Quelle en est la valeur ?

Vocabulaire

3. Page 55, lignes 525-526 : que signifie l'expression « être à jeun » ? De quel nom commun de la même famille pouvez-vous rapprocher le mot « jeun » ?

4. Octave dit, à propos de Claudio : « Ton bélître de mari t'aurait paru **un Adonis, un Sylvain**. » Pourquoi transforme-t-il les noms propres en noms communs ? Comment s'appelle cette figure de style ?

LECTURE

Lecture d'ensemble (Œuvre intégrale)

6. Comment le quiproquo (voir Lexique p. 79) se met-il clairement en place à la fin de la scène 3 de l'acte II (l. 485-489) ? Reformulez les pensées d'Octave.

7. Par quels éléments Marianne révèle-t-elle que c'est Octave qu'elle attendait ?

8. Claudio incarne-t-il toujours à la fin de la pièce le type du jaloux de comédie ? Que devient-il ?

9. Comment le personnage d'Octave évolue-t-il ? À la fin de la pièce, quelles sont les caractéristiques du personnage ?

10. En quoi la scène finale (acte II, scène 6) est-elle particulièrement pathétique ? De quel titre d'une autre pièce de Musset peut-elle être rapprochée ?

Lecture linéaire (Acte II, scène 5)

11. Quelle indication scénique permet la mise en place du quiproquo à la scène 5 ?

12. En quoi le début de la scène 5 (jusqu'à la ligne 583) est-elle caractéristique d'un dénouement de tragédie ? Relevez les thèmes de la tragédie présents dans ce passage.

13. Comment le lecteur-spectateur perçoit-il l'intervention d'Octave dans cette scène ? Pourquoi peut-on parler d'« ironie tragique » quand Claudio propose à Octave : « Cherchez dans ce jardin, si bon vous semble [...] » ?

14. Que s'est-il passé entre la scène 5 et la scène 6 ? Comment s'appelle ce phénomène ? Pourquoi est-il particulièrement utilisé au théâtre ?

Lecture d'image
(Eau-forte reproduite ci-contre)

15. Quelle scène de la pièce cette eau-forte de Goya peut-elle illustrer ? Décryptez l'inscription sur le tombeau qui donne son titre au tableau et mettez-la en relation avec l'intrigue de la pièce de Musset que vous venez de lire.

Francisco de Goya (1746-1828),
Le sommeil de la raison engendre des monstres, 1799.

NOTIONS LITTÉRAIRES
La règle classique des trois unités

La règle dite « des trois unités » est une règle du théâtre classique (XVIIe siècle) que le drame romantique tend à remettre en question. Elle est édictée par Nicolas Boileau dans son *Art poétique* en 1674 : *« Qu'en un lieu, en un jour, un seul fait accompli, /Tienne jusqu'à la fin le théâtre rempli. »* Elle insiste sur le fait que la pièce doit proposer une intrigue à l'action simple (unité d'action) se déroulant en une journée maximum (unité de temps) et dans un seul lieu (unité de lieu).

Hugo s'opposera à ces principes dans sa Préface de *Cromwell* (voir p. 75) : il les juge stériles et considère qu'ils ne peuvent rendre compte d'un théâtre représentant la vie et ayant une vraisemblance pour le spectateur.

EXPRESSION

Expression écrite

16. Mettez-vous à la place du metteur en scène et rédigez les indications nécessaires à la mise en scène de la scène 5 de l'acte II de la pièce. Pensez à intégrer les informations nécessaires au décorateur et au costumier et insistez sur les gestes et déplacements des personnages sur scène.

Expression orale

17. Lisez à haute voix la dernière scène de la pièce. Quels tons les deux personnages vont-ils adopter ? En quoi ces différentes tonalités montrent-elles une évolution des personnages ?

PATRIMOINE

18. À partir des œuvres citées dans la frise de présentation (p. 4 à 7) et des ouvrages d'histoire littéraire à votre disposition au CDI, cherchez les caractéristiques du héros romantique.

19. Élargissez votre recherche et faites un exposé sur le mouvement littéraire et culturel du romantisme : origines, genres de prédilection, auteurs majeurs, etc.

Méthode *Comment analyser un dénouement de tragédie*

Le genre de la tragédie propose une structure particulière, dans laquelle un personnage, en lutte avec son destin, tente d'y échapper sans y parvenir. Un dénouement de tragédie scelle donc toujours le destin du héros tragique du côté du malheur.

→ Repérez les thèmes de la tragédie : la trahison, la vengeance, la fatalité, la mort.

→ Analysez les registres : pathétique, lyrique.

→ Étudiez le règlement du sort de chaque personnage par rapport à la mort du héros tragique.

TEXTES ET IMAGES DANS LE CONTEXTE

1. Texte théorique

VICTOR HUGO,
Préface de *Cromwell* (1827)

« L'unité de temps n'est pas plus solide que l'unité de lieu. L'action, encadrée de force dans les vingt-quatre heures, est aussi ridicule qu'encadrée dans le vestibule. Toute action a sa durée propre comme son lieu particulier. Verser la même dose de temps à tous les événements ! appliquer la même mesure sur tout ! On rirait d'un cordonnier qui voudrait mettre le même soulier à tous les pieds. [...]

Si nous avions le droit de dire quel pourrait être, à notre gré, le style du drame, nous voudrions un vers libre, franc, loyal, osant tout dire sans pruderie, tout exprimer sans recherche ; passant d'une naturelle allure de la comédie à la tragédie, du sublime au grotesque ; tour à tour positif et poétique, tout ensemble artiste et inspiré, profond et soudain, large et vrai ; sachant briser à propos et déplacer la césure pour déguiser sa monotonie d'alexandrin ; [...] lyrique, épique, dramatique, selon le besoin ; pouvant parcourir toute la gamme poétique, aller de haut en bas, des idées les plus élevées aux plus vulgaires, des plus bouffonnes aux plus graves, des plus extérieures aux plus abstraites, sans jamais sortir des limites d'une scène parlée ; en un mot tel que le ferait l'homme qu'une fée aurait doué de l'âme de Corneille et de la tête de Molière. »

QUESTIONS

1. **Quels aspects du théâtre classique Victor Hugo dénonce-t-il dans ce texte théorique ?**
2. **Que propose-t-il dans le drame romantique ?**
3. **Quel mot emblématique de ce texte pourrait qualifier le projet du drame romantique ?**

2. Poème

ALFRED DE MUSSET, « La Nuit d'octobre », *Les Nuits* (1857)

LA MUSE
Qu'aviez-vous donc, ô mon poète ! […]

LE POÈTE
C'était un mal vulgaire et bien connu des hommes ;
Mais, lorsque nous avons quelque ennui dans le coeur,
Nous nous imaginons, pauvres fous que nous sommes,
Que personne avant nous n'a senti la douleur.

LA MUSE
Il n'est de vulgaire chagrin
Que celui d'une âme vulgaire.
Ami, que ce triste mystère
S'échappe aujourd'hui de ton sein.
Crois-moi, parle avec confiance ; […]

LE POÈTE
S'il fallait maintenant parler de ma souffrance,
Je ne sais trop quel nom elle devrait porter,
Si c'est amour, folie, orgueil, expérience,
Ni si personne au monde en pourrait profiter.
Je veux bien toutefois t'en raconter l'histoire,
Puisque nous voilà seuls, assis près du foyer.
Prends cette lyre, approche, et laisse ma mémoire
Au son de tes accords doucement s'éveiller. »

QUESTIONS

1. **Quelle structure particulière ce poème présente-t-il ? Que cela révèle-t-il déjà sur les sentiments du poète ?**
2. **Quelles thématiques romantiques présentes dans la pièce *Les Caprices de Marianne* Musset-poète reprend-t-il ici ?**
3. **Quel image du poète romantique donne-t-il au lecteur ?**

3. Tableau

CASPAR DAVID FRIEDRICH (1774-1840),
Le Promeneur au-dessus des brumes ou *Voyageur contemplant une mer de nuages* (1818).

QUESTIONS

1. Quel paysage ce tableau de l'époque romantique propose-t-il ? Donnez des adjectifs qualificatifs pour le définir ?
2. Comment le héros du tableau apparaît-il ? En quoi cette posture est-elle originale ?
3. Donnez les caractéristiques physiques de ce personnage considéré comme l'archétype du héros romantique. À quel personnage des *Caprices de Marianne* vous fait-il penser ?
4. Pouvez-vous déduire des éléments repérés les caractéristiques morales du héros romantique ?

LEXIQUE

A

Acmé : point le plus fort de la crise, paroxysme.

Acte : divisions de la pièce, en trois ou cinq mouvements, à l'époque classique.

Action : ce qui se produit sur scène.

Anaphore : procédé d'écriture qui répète un même mot, une même construction en début de phrase ou de proposition.

Aparté : propos tenus par un personnage à part des autres, pour qu'ils ne soient pas entendus d'eux.

Argument : idée servant à défendre un point de vue, une façon de penser.

B

Bienséances : ensemble des règles qui, dans une pièce classique, interdisent la représentation d'actions violentes sur scène.

C

Catharsis : effet de « purification », de « soulagement » des passions, provoqué par la représentation de celles-ci sur scène (mot du vocabulaire tragique).

Commedia dell'arte : comédie italienne inspirée de la comédie latine, fondée sur des « caractères » typiques et l'improvisation. Arlequin, Scapin, Pantalone, Polichinelle sont des figures de cette comédie italienne.

Comédie : pièce mettant en scène des bourgeois ou des gens du peuple, dont le caractère, la situation, doit faire rire.

Comique : procédé visant à faire rire (comique de situation, de gestes, de mots, de répétition, de caractère).

Coup de théâtre : péripétie qui modifie ou retourne soudainement le cours de l'action.

D

Dénouement : moment de la pièce où les « nœuds » se défont, où les conflits d'intérêts se résolvent.

Didascalie : vient du mot grec signifiant « enseignement ». Indication scénique, qui renseigne sur le jeu des acteurs.

Double énonciation : message qui s'adresse à deux destinataires distincts dans la même situation d'énonciation.

Drame : toute pièce de théâtre (du grec *drama*, action).

E

Échange argumentatif : dialogue dans lequel des personnages défendent leur point de vue, prennent position, en échangeant des arguments accompagnés d'exemples.

Exposition (scènes d') : les premières scènes de l'acte I qui présentent les personnages, leurs projets, leurs interrogations et leur situation.

F

Farce : pièce d'origine latine qui vise à faire rire par le comique de gestes et de situation.

I

Intrigue : « histoire » construite par l'action des personnages.

M

Mise en abyme : procédé du « théâtre dans le théâtre », qui met un personnage dans une situation de jeu, de « déguisement ».

Monologue : paroles d'un personnage seul en scène, qui font connaître ses pensées, ses sentiments.

N

Nœud : moment de la pièce où apparaissent, où se « nouent » les conflits entre les personnages.

P

Protagonistes : étymologiquement, ceux qui jouent le premier rôle ; par extension, personnages principaux d'une pièce.

Q

Quiproquo : confusion, malentendu sur une identité, un objet, une situation (du latin *qui*, quelqu'un, *pro*, à la place de, et *quo*, quelqu'un d'autre).

R

Règle des trois unités : règles de composition du théâtre classique, selon lesquelles l'action se passe en un seul lieu et en une journée. L'action elle-même doit avoir une unité.

Réplique : propos des personnages, unité du dialogue théâtral.

S

Scène : division de l'acte. Une scène commence avec l'entrée des personnages et se termine avec leur sortie.

Schéma actantiel : représentation des rapports de force entre les personnages.

Stichomythie : répliques très courtes, qui se répondent de façon serrée et très rapide. Elles correspondent à une acmé dans la tension.

T

Tirade : longue réplique.

Troupe : groupe constitué de comédiens qui ont un projet commun, qui travaillent et jouent ensemble.

Tragédie : pièce qui met en scène les passions et les faits héroïques de personnages nobles, victimes de la fatalité. L'issue est la mort d'un ou de plusieurs personnages.

Classiques & Patrimoine

1. **Molière,** *L'Avare*
2. **Molière,** *Les Précieuses ridicules*
3. **Corneille,** *Le Cid*
4. **Guy de Maupassant,** *Cinq nouvelles réalistes*
5. **Alfred de Musset,** *Les Caprices de Marianne*
6. **Prosper Mérimée,** *La Vénus d'Ille*

Conception graphique : Muriel Ouziane et Yannick Le Bourg

Édition : Anne-Sophie Darlet

Illustrations des frises : Benjamin Strickler

Réalisation : Nord Compo, Villeneuve-d'Ascq

Crédits iconographiques : Couverture et rabats : © MP / Leemage – Cadre (couverture) : © Shutterstock – Intérieur : © Leemage.

www.magnard.fr
www.classiquesetpatrimoine.magnard.fr

100% PAPIER RECYCLE 3 1244 121

Achevé d'imprimer en Juin 2011 par «La Tipografica Varese S.p.A.», Varese
N° d'éditeur : 2011/723 - Dépôt légal : Juin 2011
Imprimé en Italie